Vollpfosten

Vollpfosten

Roman

Thorsten Peter

Impressum:
Thorsten Peter – Vollpfosten (2014)
2. Auflage
www.thorsten-peter.de
© Thorsten Peter, 2014
Herstellung und Verlag:
Books on Demand GmbH, Norderstedt
ISBN: 9783738601992

Urheberrechtshinweis:
Alle Rechte vorbehalten. Kein Teil des Werkes darf in irgendeiner Form (durch Fotografie, Mikrofilm oder ein anderes Verfahren) ohne schriftliche Genehmigung des Autors reproduziert oder unter Verwendung elektronischer Systeme verarbeitet, vervielfältigt oder verbreitet werden.

Kapitel 1

Als Rolihlahla Schneider-Hundeloh an diesem Sonntagnachmittag versuchte seine Augen zu öffnen, erwies sich das sofort als schwerwiegender Fehler. Obwohl es draußen furchtbar regnerisch war, erschien ihm das Licht um ein Vielfaches heller, als es sonst der Fall war. Vielleicht aber lag es auch an der Kombination und der Reihenfolge oder auch noch ein kleines bisschen an der Anzahl, der alkoholischen Getränke die Rolihlahla gestern zu sich genommen hatte. Obwohl der Gedanke sich aufdrängte, schob er ihn schnell zur Seite, drehte sich noch einmal um und versuchte mit brummendem Schädel den gestrigen Abend zu rekonstruieren.

Vor allem aber versuchte er der Frage nachzugehen, warum die schöne Frau, die er gestern in einem Moment kennengelernt hatte, an den er sich gerade wieder erinnern konnte, heute Morgen nicht wie geplant neben ihm in seinem Bett lag.

Es fiel ihm zwar sehr schwer, aber er konnte ganz langsam im Nebel ein Bild von sich erkennen, wie er sich auf die Dame zu bewegte. Als er sich in seiner Erinnerung gerade selbst als Außenstehender beobachtete, kam er sich nicht mehr ganz so cool vor. Obwohl er gestern Abend eine unglaubliche Selbstsicherheit ausstrahlen wollte, konnte er eine kleine Unsicherheit bemerken.

Ehe er sich versah, träumte er in seinem restalkoholisierten Zustand, in einem Schwebezustand zwischen Schlaf und Wachsein, die nüchterne Wahrheit.

Als er sich auf die blonde Schönheit zubewegte, klangen ihm noch die Worte seiner Freunde, die er eine Stunde zuvor kennengelernt hatte und nach diesem Abend auch nie mehr wiedersah, in den Ohren.

»Die schleppst du ab«, hatte einer gesagt.

»Überhaupt kein Problem«, stimmte der Zweite zu.

Rolihlahla konnte zwar auch ein Grinsen im Gesicht des einen erkennen, war aber überzeugt davon, dass sich sein neuer Freund einfach nur für ihn freute.

Ihm wurde jetzt schon ganz warm ums Herz, wenn er daran dachte, was er in dieser Nacht noch alles mit dieser Frau erleben würde.

Zielsicher schlenderte er, die Daumen locker in seine Hosentaschen eingehakt, auf die Theke zu, an der das Objekt der Begierde gerade an einem fast leeren Cocktail schlürfte. Das Bild, wie sie da auf dem

Barhocker saß, war von einer anmutigen Eleganz geprägt. Sie war genau die Richtige für ihn und er war sich fast sicher, dass es heute Abend klappen würde. Unauffällig stellte er sich neben sie und glücklicherweise bemerkte sie nicht, wie sein Fuß, den er auf eine Stange unterhalb der Theke stellen wollte, ins Leere trat. Das Fehlen der Stange an der vermuteten Stelle ließ ihn kräftig an die Theke donnern und das Glas, das er dabei umwarf, war zum Glück leer. Er ließ sich dadurch überhaupt nicht aus der Ruhe bringen obwohl er nun auf der falschen Seite der Frau stand. Er sah ihren Rücken und sie sah ihn überhaupt nicht. Die Musik war relativ laut und er hatte keine Ahnung, was er ihr ins Ohr schreien sollte, sodass sie sich umdrehte. Da ihr Getränk fast leer war, entschied er sich dafür, ihr und sich selbst, einfach etwas zu bestellen.

Gesagt, getan. Alles lief wie am Schnürchen. Die Drinks kamen, der Barkeeper sagte der Dame wer das Getränk für sie bestellt hatte und sie drehte sich umgehend zu Rolihlahla um. Ihr Blick war im ersten Moment allerdings ein wenig verwirrt, als sie ihn breit grinsend neben sich stehen sah, als hätte er eine ganze Wagenladung Marihuana geraucht.

»Dankeschön«, sagte sie und sog genüsslich an ihrem Trinkhalm.

»Der schmeckt ja richtig gut«, fuhr sie fort.

»Freut mich«, sagte er und saugte vor lauter Aufregung den halben Cocktail leer.

Rolihlahla konnte sein Glück kaum fassen, denn es entwickelte sich eine zwanglose, wenn auch zeitweise akustisch schwer zu verstehende, lockere Unterhaltung, die seinen Freunden am anderen Ende der Bar ein zustimmendes Kopfnicken abverlangte.

Das Ganze ging gut bis sie ihn fragte, wie er hieß. Das war immer ein schwieriger Moment, weil Rolihlahla sich auch nach vierunddreißig Jahren immer noch nicht an den Klang seines Namens gewöhnt hatte. Aber ihm blieb ja nichts anderes übrig.

»Rolihlahla«, beantwortete er die Frage.

Er erwartete ja schon gar nicht mehr, dass auch nur irgendjemand seinen Namen beim ersten Mal verstand. Aber hier, bei lauter Musik und einem langsam steigenden Alkoholpegel, war das doppelt schwer.

»Wie bitte?«, fragte seine Gesprächspartnerin höflich. Da sie noch kein Grinsen auf den Lippen hatte, wusste er, dass sie ihn noch gar nicht verstanden hatte.

»ROLIHLAHLA!«, sagte er mit deutlich lauterer Stimme. Jedoch auch dieses Mal ohne Erfolg.

Ihr drängte sich langsam der Gedanke auf, dass ihm schon ganz schön der Alkohol in den Kopf gestiegen sein musste, nachdem er sich beim Aussprechen seines eigenen Namens anhörte, als hätte er eine Wolldecke im Mund.

»ROLIIII...!«, setzte er an und kam beim dritten Versuch nicht mehr dazu, seinen Namen zu Ende zu sprechen. Wieder einmal entwickelte sein Fuß ein Eigenleben und wollte sich auf der Querstrebe des Barhockers abstützen, als er sich noch näher an das Ohr der Dame beugte. Dieses Mal traf er zwar die gesuchte Querstrebe, aber das Holz gab nach und brach durch. Das führte zu einer Verkettung unglücklicher Umstände, die eigentlich in dieser Reihenfolge und direkt nacheinander, unmöglich passieren konnten. Durch das plötzliche Nachgeben fiel Rolihlahla ungebremst nach vorne und wurde erst durch das Eintauchen seiner Nasenspitze im Ohr seiner Bekannten etwas in der Bewegung verlangsamt. Gleichzeitig schüttete er seinen mittlerweile dritten und noch randvollen Cocktail komplett über ihr weißes Oberteil. Sie riss vor lauter Schreck ihre Arme in die Höhe und verpasste ihm dadurch einen ordentlichen Kinnhaken. Von der Wucht des Schlages taumelte er völlig verwirrt, ziemlich überrascht und schon etwas angetrunken in die andere Richtung. Irgendjemand musste ihm etwas, an das er sich aber nicht mehr erinnern konnte, in den Weg gelegt haben und er stolperte rückwärts in eine Sitzgruppe. Diese war voll besetzt und nicht gerade erfreut über diese

Art des Kennenlernens. Als er auf dem Tisch einschlug und diesen von der Belagerung durch zahlreiche Gläser befreite, sprangen alle auf und ließen ihn einfach in der von ihm verursachten Pfütze liegen. Er konnte im Hintergrund ein wütendes Schimpfen hören, was ihn aber nicht sonderlich beeindruckte.

»Oje, das hat mich jetzt aber wieder ein ganzes Stück zurückgeworfen«, brummelte er vor sich hin und wollte gerade wieder zur Bar gehen, um seine Unterhaltung fortzusetzen. Er klopfte sich ab und befühlte die Rückseite seines T-Shirts. Ein bisschen feucht, aber es hätte schlimmer sein können. Durch solche Kleinigkeiten ließ er sich schon lange nicht mehr stoppen.

»Hoffentlich ist die nicht so empfindlich, nur weil ich jetzt ein bisschen nass bin«, versuchte sich Rolihlahla selbst ein wenig Mut zuzusprechen. Bei dem Gedanken, dass sie später sowieso schwitzen würde, musste er schelmisch grinsen und ein atemberaubender Adrenalinschub überkam ihn.

Doch seine Gesprächspartnerin war weg. Das wunderte ihn ein wenig, denn er hatte nicht mitbekommen, dass er ihr Oberteil in eine transparente Folie mit einer merkwürdigen Einfärbung verwandelt hatte.

Doch plötzlich standen seine neuen Freunde wieder bei ihm und klopften ihm auf die Schulter.

»Mach dir nichts draus«, sagte der eine, während der andere sich krümmte, um vermutlich seine Bauchschmerzen zu lindern. Er stand mit dem Rücken zu ihnen und Rolihlahla hatte schon fast ein bisschen Mitleid mit ihm. Aber wahrscheinlich hat er einfach zu viel gesoffen.

»Bei der Nächsten klappt es bestimmt. Da bin ich mir ganz sicher.«

Das waren aufmunternde Worte und Rolihlahla verdrängte den Vorfall fast rascher als er passiert war. So schnell ließ er sich schließlich auch nicht unterkriegen. Dann hatte die Dame eben Pech gehabt. Sie würde nie erfahren, was ihr in dieser Nacht alles entgangen war.

Er blieb mit seinen neuen Freunden noch eine ganze Weile an der Bar sitzen. Wie lange wusste er nicht. Genauso wenig konnte er sich an deren Namen und den Heimweg erinnern. So sehr er sich auch anstrengte, es wollte ihm einfach nicht mehr einfallen.

»Wenigstens hat das geklappt und ich bin irgendwie heil hier angekommen«, murmelte er im Halbschlaf vor sich hin und versuchte das Ausmaß der Kopfschmerzen einzuschätzen, als er das zweite Mal wieder wach wurde. Es war deutlich schlimmer als befürchtet. Und das war noch nicht alles. In seiner Magengegend entwickelten sich Geräusche, die absolut nichts Gutes verhießen. Sein Körper fühlte sich an, als ob sämtliche Funktionen den falschen Organen zugeordnet wären und das komplette System drohte zusammenzubrechen. Wenigstens lenkte ihn das Gewitter in seinem Inneren davon ab, dass er auch an diesem Wochenende, bei der Suche nach seiner Traumfrau, leer ausgegangen war.

Kapitel 2

Gleich der erste Schritt an diesem Tag, erwies sich als glatter Fehltritt. Das bekam Rolihlahla schmerzhaft zu spüren, als er barfuß, nachdem er endlich seinen Körper aus dem Bett schälte, in seinen Schlüsselbund trat. Diesen hatte er, wie alles was er gestern am Körper trug, achtlos vor das Bett auf den Boden geworfen.

»Verdammte Scheiße!«, schrie er und knickte im selben Moment mit genau diesem Bein weg, zog das andere aus dem Bett nach und befand sich unmittelbar nach dem Aufstehen schon wieder in einer horizontalen Lage. Obwohl er diese Situation in Zeitlupe erlebte, konnte er nichts tun, um den Sturz auf den Fußboden zu mildern. Jetzt tat ihm wenigstens nicht nur der Kopf weh, sondern auch noch das Knie, das er sich verdreht hatte und der Arm, auf den er gefallen war.

Rolihlahla hatte schon überhaupt keine Lust mehr, sich auch nur im Geringsten zu bewegen. Wahrscheinlich wäre er unbeweglich in dieser Lage verharrt, wenn seine Blase nicht kurz vor dem Platzen gewesen wäre. Unnötigerweise fiel ihm in diesem

Moment auch noch auf, dass der Läufer neben dem Bett schon seit Ewigkeiten keinen Staubsauger gesehen hatte. Er lag mit seiner Nase direkt neben einer tischtennisballgroßen Staubflocke, die er dabei beobachtete, wie er sie beim nächsten Atemzug inhalierte. Jetzt war spätestens der Moment gekommen, in dem es Zeit wurde, aus der Starre zu erwachen.

Nachdem er das Nötigste erledigt hatte, wagte er einen Blick in den Spiegel. Wenn er nicht sicher gewesen wäre, dass er alleine in seiner Wohnung war, hätte er schwören können, ein anderer würde ihm entgegenblicken. Aber so musste er sich wohl mit der Tatsache anfreunden, dass er derjenige war, der ziemlich zerknüllt aus dem Spiegel in seine Richtung schaute. Aber da er die Augen immer noch nicht richtig aufbekam, konnte er die wirkliche Tragödie seiner Erscheinung nach dieser Nacht sowieso nicht richtig erkennen. Er versuchte sich einfach an den anderen Mann zu erinnern, den er normalerweise morgens im Spiegel sah und putzte trotzdem seinem Gegenüber ausnahmsweise die Zähne.

»Oh Mann, da haben wir gestern aber wieder voll versagt. Ist ja auch kein Wunder, so wie du aussiehst«, sagte er vorwurfsvoll zu seinem Spiegelbild.

»Und wenn du nicht so einen bescheuerten Namen hättest, dann könnten wir uns auch einiges ersparen«, fügte er gereizt hinzu.

Den Namen hatte er der Liebe seiner Eltern zur Hippie-Kultur der siebziger Jahre zu verdanken. Marianne Schneider und Karl-Friedrich Hundeloh schworen sich schon nach ihrem ersten Mal, dass ihre Kinder irgendwann einmal nicht so langweilige Namen tragen sollten. Für sie war es damals eine schwere Last mit solch einfachen und konservativen Namen in den Siebzigern zurechtzukommen.

Als sie sich den Schwur leisteten, kannten sie sich etwas länger als fünfundzwanzig Minuten, lagen in einem Schlafsack auf dem Zeltplatz eines Open Air Konzerts und hatten davon ungefähr sieben Minuten mit kennenlernen, dreizehn Minuten mit sofortigem Sex und ganze fünf Minuten zum ausarbeiten ihrer These zur Namensgebung ihrer Kinder verwendet. Es glich einem Wunder, dass sie sich in ihrem Zustand überhaupt noch an sich selbst erinnerten, als sie am nächsten Morgen gemeinsam in ihrem Schlafsack erwachten. Gleichzeitig war es eine Tragödie für ihren zukünftigen Sohn. Selbst an den Schwur, den sie geleistet hatten, konnten sie sich noch erinnern.

Sie waren sich schnell einig, dass der erste Sohn - der auch der letzte blieb - Rolihlahla heißen sollte. Das war schließlich der echte Vorname von Nelson Mandela. Überzeugt davon, dass er diesen Namen mit stolz tragen würde und alle anderen neidisch sein müssten. Aber man denkt viele merkwürdige Dinge, wenn man zusätzlich zum Zucker schon am frühen Morgen eine Brise Dope in den Kaffee bröselte. Das hielten sie für besser als gleich zu rauchen, wenn der Hals noch vom Vortag schmerzte. Rolihlahlas Eltern lebten in ihrer ganz eigenen Welt und realisierten selbst als ihr Sohn schon die Zwanzig überschritten hatte noch immer nicht, dass er mehr als unglücklich über seinen klangvollen Namen war.

»Habt ihr euch eigentlich mal Gedanken gemacht, warum Nelson Mandela sich Nelson und nicht Rolihlahla nannte«, fragte er einmal seine Eltern. »Das hat der gemacht, weil keine Sau seinen richtigen Namen aussprechen konnte«.

»Er war sich der Wirkung seines echten Namens nicht bewusst. Sonst hätte er ihn nicht in Nelson geändert. Du kannst stolz sein, einen solch wunderbaren Namen zu tragen«, bekam er als Antwort und sah dabei in die Sehschlitze seiner völlig bekifften Eltern.

»Na ja, scheiß drauf. Ich brauch jetzt endlich mal einen Spitznamen«, dachte er sich und fing an seinem langhaarigen Gegenüber im Spiegel die Haare zu kämmen.

Wie durch ein Wunder brachte er die Morgentoilette an diesem Nachmittag ohne weitere Zwischenfälle hinter sich.

Nach einer Tasse Kaffee, in der er sich ein paar Kopfschmerztabletten aufgelöst hatte, ging es ihm schon deutlich besser und er schnappte sich ein Toastbrot, das er mit ordentlich Honig beschmierte. Das Grummeln in seinem Magen hatte sich wieder verzogen und er freute sich auf den ersten Bissen.

Doch plötzlich flog eine fette Fliege um seinen Kopf herum und störte das noch jungfräuliche Wohlbefinden an diesem mittlerweile schon späten Nachmittag. Als diese den Fehler machte, sich vor ihm auf den Tisch zu setzen, war er sich sicher, dass das auch gleichzeitig ihr letzter Fehler auf Gottes Erde sein müsste. Er holte aus, völlig überzeugt davon, dass seine koordinierende Motorik wieder voll auf der Höhe war und ließ seine Hand unbarmherzig auf die Fliege niederschnellen, die gerade dabei war genüsslich einen Krümel zu verspeisen. Diese flog vor Schreck ohne den Krümel davon, als neben ihr Rolihlahla's Hand einschlug. Wie wenn es nicht genug gewesen wäre, dass er sein Opfer verfehlt hatte und er sich gleichzeitig einbildete eine arrogante Flugbewegung erkannt zu haben, erwischte er auch noch mit der Handkante seinen Teller, auf dem der frisch gestrichene Honigtoast lag. In Sekundenbruchteilen war der Teller vom Tisch verschwunden und schlug sofort in die Vitrine am anderen Ende der Küche ein. Nur von seinem Toast fehlte jede Spur. Der war plötzlich wie vom Erdboden verschluckt. Er sah sich in der ganzen Küche um bis sein Blick mehr zufällig als gewollt an der Decke haften blieb. Dort begann sich sein Toast ganz langsam an dünnen Sicherungsfäden aus Waldblütenhonig abzuseilen. Den Kopf in die Hände gestützt beobachtete er das Schauspiel, bis schließlich die Sicherungen nachgaben, der Toast sich einmal um die eigene Achse drehte und mit der beschmierten Seite auf dem Boden landete.

Kurz darauf drehte die Fliege noch eine Ehrenrunde um seinen Kopf und macht sich über die Honigreste an der Decke her.

Kapitel 3

In völligem Gegensatz zu seiner partiellen Unfähigkeit die Tücken des Alltags zu meistern, war Rolihlahla beruflich gesehen ein absoluter Spezialist. Was seinen Arbeitsalltag betraf, erwies sich eher der Weg zur Arbeit als abenteuerliche Reise, auf der es so manches Hindernis zu überwinden gab. Bei der Arbeit selbst entwickelte er eine ungeahnte Selbstsicherheit.

Offiziell arbeitete er als Chef-Hausmeister in einer der vielen Außenstellen des Bundesverteidigungsministeriums. Dort wurden eigentlich nur irgendwelche Restbestände gelagert, hin und her geräumt oder auch mal von einer Außenstelle zur anderen gefahren. Als Chef-Hausmeister hatte er zwei Hausmeister unter sich, welche die gesamten anfallenden Arbeiten erledigten. Ihnen gegenüber wurde behauptet, dass Rolihlahla zuständig für viele weitere solcher Außenstellen sei. Dadurch konnte wenigstens teilweise die Verwirrtheit erklärt werden, die ihr Chef an den Tag legte, wenn einer der zwei Hausmeister doch einmal mit einer Frage zu ihm kam. Die Koordination der Hausmeister Hans und Franz erfolgte durch eine Stelle im Bundesverteidigungsministerium, die die zwei Mitarbeiter so mit Arbeit versorgte, dass ihnen nicht viel Zeit blieb ihren Chef zu belästigen. Doch es wurde auch peinlich genau darauf geachtet, dass es nicht soviel wurde um sich darüber beschweren zu können.

Denn die Hauptaufgabe von Rolihlahla Schneider-Hundeloh bestand eigentlich darin, die geheimsten und am besten geschützten Computersysteme ausländischer Schurkenstaaten zu hacken und die Daten an das Ministerium weiterzuleiten. Sobald er in seiner Rechnerzentrale saß, die offiziell als Hausmeisterbüro getarnt war und durch eine Geheimtür mit dem dahinterliegenden eigentlichen Büro verbunden war, lief auf einmal alles rund. Hinter dieser Tür wurde er zu einem anderen Menschen. Absolut sicher in seiner Handlungsweise und durchorganisiert bis in die Haarspitzen.

Er schaffte es zwar sich in fast jeden Großrechner zu hacken, aber er hatte noch nicht ansatzweise herausgefunden, wie er in die Gedanken des weiblichen Geschlechts eintauchen konnte. Er wollte wenigstens ein bisschen verstehen, was diese Gattung Mensch so denkt und von einem Mann erwartet. Er konnte ja noch nicht einmal mit seinem Job angeben. Das war verboten. Der war schließlich so geheim, dass nicht einmal seine zwei Kollegen wussten, was er machte. Ihnen war nicht einmal klar, was er überhaupt den ganzen Tag über so tat. Doch da auch die beiden Kollegen völlig überbezahlt waren, lag es ihnen fern auch nur eine, der manchmal wahnwitzigen Entscheidungen ihres Chefs, infrage zu stellen. Sie wunderten sich oft, lachten über merkwürdig erscheinende Ansichten und ärgerten sich über die oft fehlende Organisation in ihrer Außenstelle. Trotz allem waren sie zufrieden. Und so trugen sie es mit Fassung, wenn es zu den seltenen aber ausgefallenen Geistesblitzen ihres Chefs kam.

An einem regnerischen Tag kam Hans am frühen Morgen einmal ganz aufgeregt zu ihm ins Büro. Glücklicherweise war er im Hausmeisterbüro und nicht dahinter, im geheimen Raum.

»Morgen Chef. Wir haben ein Problem«, sagte Hans und ließ die Worte kurz auf seinen Vorgesetzten einwirken. »Heute Morgen steht der Transport einiger Möbel an, die wir auf den Hänger verladen müssten, weil der LKW kaputt ist.«

Hans wartete kurz ab, merkte aber schnell, dass diese Informationen noch nicht ausreichen, um Rolihlahla einen Kommentar zu entlocken. Stattdessen schaute er ihn nur ungläubig an und zog beide Augenbrauen nach oben.

»Die Möbel werden dann nass!«, fügte er hinzu und hoffte, dass sein Chef endlich die Lage erkennen konnte und ihn von dieser beschissenen Arbeit entbinden würde. Aber Fehlanzeige. Entweder konnte er ihm überhaupt nicht folgen oder aber er brauchte noch mehr Input.

»Der Hänger hat kein Dach. Die Möbel sind ungeschützt und es regnet in Strömen«, ergänzte Hans seine Ausführungen und hoffte nun endlich eine Reaktion zu erhalten. Was um alles in der Welt sollte er denn noch hinzufügen.

Er sah, wie sich die Stirn seines Chefs in Falten legte, was bedeutete, dass er über eine schwerwiegende Entscheidung nachdachte. Und tatsächlich schossen ihm, seit er das Wort "ungeschützt" gehört hatte, ein ganzer Schwall Ideen durch den Kopf.

»Wir müssen einen Schutz aufbauen, um die Objekte von Eindringlingen jeder Art zu schützen«, dachte er und entwickelte einen Plan. Getragen von dem Gedanken an eine Firewall konstruierte er im Kopf seine Lösung.

»Wir bauen eine Rainwall«, sagte er zu Hans in der Überzeugung, Begeisterungsstürme bei seinem Mitarbeiter auslösen zu können. Erwartungsvoll schaute er in dessen Gesicht, aber er konnte nicht die kleinste Regung erkennen.

Dieser brachte nach reiflicher Überlegung nur ein einziges Wort hervor.

»Hä?«, war alles, was er zu diesem bahnbrechenden Vorschlag beisteuern wollte.

Das war wieder einer dieser Momente, in denen Rolihlahla genau wusste, warum er der Chef und Hans und Franz seine Mitarbeiter waren und nicht umgekehrt. Obwohl er nur offiziell als Chef-Hausmeister fungierte, dies eigentlich gar nicht gelernt hatte und handwerklich eher unbegabt war, musste er seinen zwei Gehilfen doch häufig den Weg weisen. Geduldig nahm er diese Aufgabe immer wieder in die Hand und war gelegentlich auch dankbar für diese Abwechslung.

»Ihr schnappt euch einfach ein paar Latten, befestigt die am Hänger und werft eine Plane oben drüber. Fertig ist die Rainwall. Die paar Meter wird's schon gehen«, erklärte Rolihlahla ganz langsam und hoffte, dass ihm sein Gegenüber folgen konnte.

»Hä?«, sagte dieser aber wieder nur und ihm war klar, dass nun sein ganzes Können an Didaktik gefragt war. Ganz so einfach war es dann wohl doch nicht zu vermitteln. Sehr ausgiebig erklärte er die Sache noch einmal und malte das Ganze dabei noch auf ein Stück Papier.

»Jetzt alles verstanden?«, fragte Rolihlahla am Ende seiner Ausführungen und war gespannt auf die Reaktion.

»Ist jetzt nicht ihr ernst, oder?«, antwortete Hans, in den Augen seines Chefs fast etwas respektlos auf seine Frage.

Rolihlahla ärgerte sich ein wenig über die pampige Antwort und war fest entschlossen seine ganze Autorität in die Waagschale zu werfen, um Hans von seinem Plan zu überzeugen.

»Doch!«, sagte er energisch und wandte sich ohne ein weiteres Wort ab. Er konnte sehen, dass Hans noch nicht zu hundert Prozent überzeugt war, aber das würde sich sicherlich ändern. Spätestens wenn er die Rainwall fertig gebaut und die Genialität dieses Projekts erkannt hatte.

Rolihlahla beobachtete die Arbeit von seinem Büro aus. Hans und Franz machten gute Fortschritte und waren bis zur Mittagspause mit ihrem Rainwall-Projekt auch soweit durch. Die Möbel waren darunter verstaut, die beiden Hausmeister völlig durchnässt und am Himmel kam wieder die Sonne durch.

Heute Nachmittag hatte Rolihlahla kurz vor Feierabend noch ein paar Dokumente aus einem syrischen Großrechner vor sich. Er war völlig fasziniert davon, obwohl er nicht den blassesten Schimmer hatte, was da drin stand. Vielmehr faszinierte ihn die Tatsache, dass er einmal mehr geheime Daten aus einem verdächtigen Rechner gezogen hatte und diese nun ans Verteidigungsministerium schicken konnte. Sicherlich dienten diese Unterlagen zur Terrorbekämpfung oder Ähnlichem.

Doch leider konnte er auch von diesem Sieg gegen das organisierte Verbrechen niemandem erzählen. »Obwohl«, dachte er sich und musste schadenfroh lachen, als er an die Fliege dachte, die sich am Wochenenden in seinen Honigfleck an der Decke gesetzt hatte. »Vielleicht lebt sie ja noch, dann sag ich es eben ihr. Sie hat eh nicht mehr lange und behält das Geheimnis für sich«.

Als er sich an jenem Morgen gerade furchtbar aufregen wollte und kurz davor war die nächste Aktion zu starten, die sicherlich in seinem Zustand auch wieder schief gegangen wäre, bemerkte er, wie die Fliege nicht mehr mit den Beinen von der Decke wegkam und festklebte. Sie war wegen ihrer Gier gefangen im Paradies.

Diese Vorstellung stimmte ihn ein wenig zufriedener und er machte sich auf den Heimweg. Während er über den Hof lief, kam er wie jeden Abend, an dem Hänger mit der Rainwall vorbei und war nach wie vor fasziniert von seiner Eingebung. Sie kam zwar seither nicht mehr zum Einsatz, weil der LKW wieder von der Reparatur zurück war, aber die Konstruktion entlockte ihm auch an diesem Abend wieder eine lobende Bemerkung.

»Was für eine geniale Idee«, sagte er und strich dabei stolz über die Plane der Rainwall.

Wenn Hans und Franz ihn dabei beobachteten, wussten sie manchmal nicht, wie ernst sie ihren Chef nehmen konnten. Sie dachten, dass irgendetwas an ihm nicht ganz normal war. Auch wenn er manchmal zu besonderen Anlässen, die Hans und Franz aber nicht deuten konnten, mit einem uralten lilafarbenen Jackett zur Arbeit kam, hatten sie nur ein Kopfschütteln für ihn übrig. Doch das waren nur wenige Dinge, in der Liste der Merkwürdigkeiten.

Kapitel 4

Auf dem Heimweg begegnete ihm beim Einkaufen eine junge Frau, die ihm im Supermarkt bereits öfters über den Weg lief. Er wusste nicht, wie sie hieß, hatte sich aber ihr Gesicht gut eingeprägt und freute sich immer, sie zu sehen, denn sie hatte stets ein Lächeln für ihn übrig.

Als sie vollgepackt mit Einkaufstüten aus der Eingangstür herauskam, war sie schneller als die Schiebetür und krachte mit ihrer Schulter dagegen. Dies brachte sie so aus dem Gleichgewicht, dass sie dabei die erste Tüte verlor und die nächste gleich darauf, als sie gegen Rolihlahla prallte. Der war sehr überrascht und fragte sich, ob er sie wohl durch sein galantes Lächeln so aus der Bahn geworfen hatte und sie nur deshalb gegen die Tür gerannt ist. Aber egal, er sah seine Chance und machte sich daran ihr zu helfen die Sachen wieder aufzusammeln. Er bemerkte genauso wenig wie sie, dass sie sich beide gleichzeitig nach der letzten Orange bückten. Hätte wenigstens einer den anderen gesehen, wären sie wohl nicht mit ihren Köpfen zusammengeprallt.

Sie fanden sich beide auf dem Parkplatz sitzend wieder und Rolihlahla rechnete schon mit der üblichen Reaktion, die er aus zahlreichen solcher Situationen kannte. Andere Menschen verhielten sich in seiner Gegenwart oft unsicher und dann passierten ihnen solche Missgeschicke. Nur besaßen die meisten, dann auch noch die Frechheit, ihn dafür verantwortlich zu machen. Nicht aber diese Frau. Sie hielt sich zwar den Kopf und strich sich eine Haarsträhne aus dem Gesicht, aber sie lächelte ihn an. Es war wie in einem Film, in dem sich zwei Menschen gegenüberstanden und ganz plötzlich alles in Zeitlupe ablief. Sie kam ihm vor wie ein Engel. Sie hatte blonde lange lockige Haare, die im Moment sehr zerzaust waren. Er war von ihrem Anblick so fasziniert, dass er gar nicht gleich verstand, was sie im sagte.

»Hä?«, sagte er und erinnerte sich schlagartig daran, wie es sich für ihn anhörte, als Hans seine unglaublich kreative Erfindung der Rainwall mit diesem Wort kommentierte und legte gleich eine höflichere Floskel nach, in der Hoffnung, dass sie das erste Wort nicht richtig gehört hatte.

»Wie bitte? Tut mir leid, ich hab sie gar nicht richtig verstanden.«

»Ich sagte nur vielen Dank, dass sie mir geholfen haben. Das war sehr nett.« Und ein Lächeln breitete sich auf ihrem Gesicht aus, welches Rolihlahla völlig vergessen ließ, dass er nun schon seit über einer Minute neben der Eingangstür eines Supermarktes auf dem Boden saß und ein dort angebundener Hund, ihm neugierig seine Nase über die Schulter streckte. Erst als dieser, in einer Geste plötzlicher Zuneigung ihn am Ohr abschleckte, erwachte er aus seinem Tagtraum und musste leider wieder aufstehen. Dabei hätte er noch den restlichen Abend damit verbringen können, seine neue Bekanntschaft anzuschauen.

»Gern geschehen«, sagte er und wusste nicht recht, wie er in einen zwanglosen Small Talk einsteigen sollte. Und so stand er einmal mehr einem weiblichen Wesen gegenüber und all seine einstudierten Gesprächsanfänge hatten sich in den tiefsten Winkeln seines Gehirns versteckt. Sie weigerten sich beharrlich den weiten Weg zu seinen Stimmbänder auf sich zu nehmen.

»Sie sind auch öfter hier zum Einkaufen, oder?«, bemerkte die immer noch namenlose Schönheit.

»Äh ...«, antwortete Rolihlahla noch kurz bevor eine völlig unerwartete Lähmungserscheinung seine Stimme komplett blockierte. Jetzt hatten sich auch noch die allgemeinen Antworten und Redewendungen nach hinten zu seinen Gesprächsanfängen gesellt und waren für den Moment unauffindbar. So blieb ihm nur, die Aussage einsilbig zu beantworten.

»Ja«, ergänzte er und blickte recht unsicher in das wunderschöne Gesicht gegenüber. Er konnte erkennen, wie sich die Stirn etwas in Falten legte, eine Augenbraue leicht zuckte, aber das Lächeln blieb.

»Dann noch mal vielen Dank und vielleicht bis zum nächsten Einkauf. Tschüss.«

»Genau, bis zum nächsten Mal«, sagte Rolihlahla und war unfähig seinen Blick von ihr abzuwenden, als sie über den Parkplatz lief. So sah er auch, wie eine nicht zu erkennende Erhebung im Boden sie einmal mehr zum Stolpern brachte. Sie erwischte genau den einen Pflasterstein, der einen Zentimeter aus dem sonst ebenen Boden ragte. Er kannte den Stein genau, denn im Normalfall war dieser für ihn reserviert.

Dieses Mal aber konnte sie sich fangen und brachte den restlichen Weg zu ihrem Auto unbeschadet hinter sich.

»Ein bisschen tollpatschig, aber sonst scheint sie ganz nett zu sein«, dachte er sich und lief ebenfalls zu seinem Auto.

Dort angekommen fiel ihm auf, dass er keine Tüten in der Hand hatte, die er in den offenen Kofferraum hätte stellen können, machte diesen wieder zu und ging erneut zum Eingang des Supermarktes. Doch nun ohne weitere Zwischenfälle. Völlig beschwingt von diesem Erlebnis machte der Einkauf gleich doppelt so viel Spaß als sonst. Obwohl er eigentlich gar nicht viel brauchte, war der Wagen fast komplett gefüllt.

»Ist das nicht ein wunderschöner Tag?«, fragte er die Verkäuferin an der Kasse und schenkte ihr sein schönstes Lächeln.

Diese war so überrascht über die plötzliche unerwartete und mehr als selten auftretende Freundlichkeit am Arbeitsplatz, dass sie ihm lediglich ein Kopfnicken entgegenbringen konnte.

Kapitel 5

Diesen Freitag machte Rolihlahla früher Schluss, da er noch einiges für den bevorstehenden Wochenendausflug, mit seinen zwei Kumpels Alex und Sandro aus der Gamezone, zu erledigen hatte. Die Gamezone war eine zwanglose Gemeinschaft aus computerspielverrückten Erwachsenen, die sich in unregelmäßigen Abständen zu Marathonspielenächten trafen. Seit der Gründung vor zwei Jahren ist die Mitgliederzahl auf unglaubliche vier angestiegen. Ausgerechnet der Vorstand Johannes konnte verletzungsbedingt nicht am Ausflug teilnehmen. Dieser ist nämlich mit seinem Fahrrad frontal gegen ein Verkehrsschild geknallt, als er sein klingelndes Handy aus der Tasche holen wollte und dabei die Kontrolle über sein Fortbewegungsmittel verlor. Dummerweise war es auch noch Rolihlahla der ihn angerufen hatte, um ihm die genaue Abfahrtszeit für ihren Ausflug mitzuteilen. Anfangs hatte er ein schlechtes Gewissen, aber eigentlich konnte er ja nichts dafür, wenn Johannes so ungeschickt war. Schade war es eigentlich mehr um das Handy. Dabei handelte es sich um das Neuste, was der Markt zu bieten hatte. Um alle Funktionen zu verstehen, war ein Wochenendseminar nötig. Das war leider, im Gegensatz zu seinem Besitzer, nicht mehr instand zu setzen. Auf dem Handy war bereits der ganze Ablaufplan für ihr Wochenende abgespeichert.

Aber dann musste es eben so gehen und die drei gestandenen Männer waren sich sicher auch ohne technische Hilfe den Weg zum Ziel zu finden. Wichtig war nur, dass sie alle pünktlich am Bahnhof waren, um den Zug zu erwischen.

Rolihlahla traf sich mit seinen zwei Freunden rechtzeitig vor dem Bahnhofsgebäude und sie machten sich sofort auf, das Gleis zu suchen, an dem ihr Zug abfahren sollte. Sie verglichen noch einmal ihre ausgedruckten Fahrpläne, die sie sicherheitshalber schon letzte Woche in ihren Taschen verstaut hatten.

Leider wurde kurzfristig das Gleis geändert und die drei Freunde standen an Gleis zwei, während sie der Durchsage lauschten, dass der Zug nach München auf Gleis zwölf in drei Minuten abfuhr. Es dauerte einen kurzen Moment, bis allen klar war, dass die Zeit knapp war.

Geistesgegenwärtig schnappten sie sich ihre Taschen, rannten durch die Unterführung zum richtigen Gleis und konnten ihren Zug gerade noch erwischen. Als sie ihren Platz einnahmen und der Zug sich in Bewegung setzte, sahen sie am Bahnsteig einen äußerst wütenden Menschen mit dem Finger auf sie zeigen. Er schien ziemlich außer Atem, aber ihnen war völlig unklar, warum der sich so aufregte. Er riss sich die Mütze vom Kopf, trampelte darauf herum und schrie ohne Pause. Zum Glück war das Fenster zu und sie mussten das dumme Geschrei nur ganz gedämpft mit anhören.

»Hey Rohli, warum hast du denn zwei Taschen dabei? Wir gehen doch nur zwei Nächte«, fragte Sandro und wunderte sich gleichzeitig, wie man sich als Mann einen Rucksack mit Herzchen drauf, kaufen konnte.

»Hab ich doch gar nicht«, antwortete Rolihlahla und begutachtete das Gepäckstück, das sich auf unerklärliche Weise neben seiner Tasche befand.

Beim Losrennen hatte er nicht gemerkt, dass er den Rucksack, den kurz zuvor eine junge Frau neben seine Tasche stellte, auch noch mitgenommen hatte. Das würde zwar die wilden Gesten des Reisenden am Bahnsteig erklären, aber Rolihlahla war überzeugt davon, dass der Rucksack im Abteil vergessen wurde. Pflichtbewusst und überzeugt davon, eine gute Tat zu tun, machte er sich auf den Weg, den Schaffner zu finden, um das Fundstück ordnungsgemäß abzugeben. Er beschloss auch gleichzeitig, dass er auf einen Finderlohn verzichten würde, da der oder die Geschädigte sowieso schon genug Ärger hatten, da der

Rucksack vergessen wurde. Zum Glück ist ihm das nicht selbst passiert.

Als sie endlich in München ankamen, knurrte ihnen schon tierisch der Magen. Wie gerufen kam da der Imbissstand, der mitten im Bahnhof stand.

»Geil, da vorne ist 'ne Pommesbude. Lasst uns was für unterwegs holen«, sagte Alex freudestrahlend, als er diese Schlemmeroase entdeckte. Pommes, Currywurst, Schnitzelbrötchen und alles, was ein Grill und eine Fritteuse hergaben, gab es dort zu finden.

»Klasse Idee«, antwortete Rolihlahla, dem in diesem Moment einfiel, dass sein Reiseproviant in Form von liebevoll belegten Sandwiches noch zu Hause unabgedeckt auf der Arbeitsplatte in der Küche stand. Er hatte jetzt zwar unglaublichen Hunger, aber so bekam wenigstens seine Hausfliege etwas zu essen, falls diese sich jemals aus dem Honigfleck befreien konnte. Und das war dann schon das Nächste, was er vergessen hatte. Er wollte eigentlich den Fleck von der Decke entfernen. Aber der lief ja auch nicht weg und konnte bis nach dem Wochenende kein weiteres Unheil anrichten. Rolihlahla machte sich ernsthafte Gedanken, ob die Fliege noch lebte oder nicht. Und genau solche Gedanken ließen manchmal ganz vorsichtige Zweifel bezüglich seines Geisteszustandes in ihm aufkeimen. Als seine zwei Freunde anfingen zu bestellen, war er deswegen noch ganz durcheinander.

»Eine Bratwurst«, bestellte Alex.

»Für mich bitte ein Schnitzelbrötchen«, sagte Sandro.

»Eine Currywurst und eine Portion Pommes«, orderte Rolihlahla.

Daraufhin schauten ihn seine Kameraden mit großen Augen an, sagten aber nichts dazu.

Erst als sie die bestellten Leckerbissen in Händen hielten und sich auf den Weg in die Stadt machten, fiel Rolihlahla auf, dass er beide Hände voll hatte und nur Sandro und Alex in seine Pommes griffen, während er lediglich die tragende Rolle spielte. Da ihm auf die Schnelle keine Idee kam, wie er mit zwei vollen Händen im Laufen essen konnte, wartete er einfach ab, bis seine zwei Begleiter die Portion Pommes verdrückt hatten, er die Schale in den nächsten Mülleimer werfen und sich endlich über die mittlerweile fast kalte Currywurst hermachen konnte.

Frisch gestärkt und voller Vorfreude auf den morgigen Besuch auf einer Computerspielmesse, machten sich die drei Freunde auf zu ihrem Nachtquartier.

Dort angekommen annektierte Rolihlahla sofort das Bad und stellte sich umgehend unter die Dusche. Das Bad an sich war wirklich sehr schön, doch mit der Ausstattung haperte es seiner Meinung nach sehr.

»Oh Mann, sind das dicke Handtücher«, erzählte er seinen Freunden, nachdem er frisch gereinigt aus dem Bad kam. »Die sind so steif und dick, da kann man sich gar nicht vernünftig mit abtrocknen. Ist ja schön, wenn man wert auf Qualität legt, aber man kann es auch übertreiben.«

Sandro ließ die Worte einfach mal so stehen, ging ins Bad und brach in lautes Gelächter aus. Er begutachtete das Handtuch, welches benutzt über der Wanne hing und stellte fest, dass das Handtuch, welches sein Freund Rolihlahla benutzt hatte, gar kein Handtuch war. Er nahm den Badvorleger, der nach dem Reinigen des Bades von der Putzfrau über die Wanne gehängt wurde, was Rolihlahla wiederum dazu veranlasste anzunehmen, dass dies auch ein Handtuch sei und ging damit noch einmal aus dem Bad hinaus ins Zimmer.

»Ist das dein Handtuch?«, fragte Sandro, der vor Lachen fast nicht zu verstehen war, den etwas verdutzt dreinblickenden Rolihlahla.

»Ja, warum?«

»Ach nur so«, sagte Sandro und konnte beobachten wie Alex aufs Bett viel und sich vor Lachen krümmte.

»Jetzt hast du das dickste Handtuch von uns allen bekommen. Ich hoffe wir werden mit den dünnen Handtüchern auch trocken.«

Mit diesen Worten verschwand er wieder im Bad. Rolihlahla konnte beim besten Willen nicht verstehen, warum man in ein Hotelbadezimmer nicht für alle die gleichen Handtücher legte.

Als er über diese Ungerechtigkeit nachdachte, vergaß er sogar, sich über den plötzlichen Lachanfall von Alex zu wundern.

Kapitel 6

Rolihlahla, Sandro und Alex waren morgens die Ersten beim Frühstück. Der Frühstücksraum war zwar recht spartanisch eingerichtet, aber es gab alles, was man für einen ordentlichen Start in den Tag so brauchte. Sie machten sich über das Büffet her, als ob sie tagelang nichts gegessen hätten. Es musste sich schließlich lohnen.

Rolihlahla schnitt eines seiner zwei Brötchen in der Mitte durch, belegte es mit reichlich Käse und legte das zweite, noch ganze Brötchen oben drauf. Er wunderte sich zwar, dass das Brötchen einen recht dicken Eindruck machte, als er hineinbiss aber es schmeckte ja trotzdem. Rolihlahla drückte es einfach ein bisschen fester zusammen.

Als er das Brötchen verdrückt hatte, sah er, dass er nur noch ein halbes Brötchen auf dem Teller hatte.

»Ha ha, das ist jetzt aber nicht wirklich lustig«, sagte er etwas beleidigt zu seinen zwei Begleitern. »Wer von euch hat mein Brötchen genommen und mir dafür sein halbes auf den Teller gelegt?«

Alex und Sandro schauten sich fragend an und zuckten mit den Schultern. Sie hatten nicht bemerkt, was er gemacht hatte und ärgerten sich ihrerseits ein wenig über die Unterstellung.

»Wie kommst du denn darauf?«, fragte Alex. »Warum sollten wir dein Brötchen tauschen? Da vorne gibt's noch hundert weitere Brötchen.«

»Das weiß ich doch nicht. Aber ich hab eben erst eins gegessen und jetzt liegt nur noch ein halbes Brötchen auf meinem Teller.«

»Oh Mann«, sagte Sandro und stand auf.

»Bevor das jetzt eine längere Diskussion gibt, hol ich dir eben noch ein neues Brötchen. Hast du einen bestimmten Wunsch?«

Rolihlahla nahm das als Schuldeingeständnis und konnte sich nicht recht über das Angebot freuen. Aber da sie ja eigentlich einen aufregenden und fröhlichen Tag vor sich haben sollten, verdrängte er seinen Ärger und beschloss als Ausgleich für den schlechten Scherz am Morgen eine umfangreiche Bestellung aufzugeben.

»Ein Vollkornbrötchen, bitte. Aber mit feinen und nicht mit groben Körnern. Dann noch ein Schälchen mit Milch und ein paar Cornflakes und Bananenscheiben. Eine Brezel wäre nicht schlecht und etwas Erdbeermarmelade.«

»Bist du sicher, dass das reicht?«, fragte Sandro und war überzeugt davon, dass sein Freund einen an der Klatsche hatte.

»Ach, wenn du so fragst, kannst du gleich noch ein Kännchen Kaffe und ein Glas Orangensaft mitbringen«, antwortete Rolihlahla und widmete sich seiner übrig gebliebenen Brötchenhälfte. Zufrieden stellte er fest, dass Sandro seine Bestellung auf ein Tablett lud und war überzeugt davon, dass das auch das Mindeste war, was er für diesen bescheuerten Gag am frühen Morgen tun konnte.

Der restliche Morgen verlief relativ problemlos, wenn man einmal davon absah, dass ein Zuggast in der S-Bahn Rolihlahla erst von der Ausgangstür an der Haltestelle der Messe wegschieben musste, um den Türöffner zu betätigen. Dieser ging nämlich davon aus, dass die Tür von alleine aufging und wäre um Haaresbreite mit allen anderen Messebesuchern in seinem Waggon am Ziel vorbeigefahren.

Verärgert über diese Unverschämtheit verließ er mit seinen zwei Kumpels die S-Bahn und steuerte nun endlich auf das heiß ersehnte Ziel zu. Sie würden den ganzen Tag damit verbringen alles zu testen bis sie nicht mehr aus den Augen schauen konnten.

Nachdem mittlerweile die wildesten Action Games getestet waren, blieben die drei beim Stand vom Leisure Suit Larry hängen.

Larry war ein Spieleheld, der bereits in unzähligen Abenteuern versucht hatte, auf die unmöglichsten Arten, das weiblich Geschlecht zu erobern.

Wäre Rolihlahla in der Lage seine Versuche dazu realistisch einzuordnen, würden ihm die Parallelen zu ihm auffallen.

Aber das war nicht im Geringsten der Fall.

Obwohl Alex und Sandro nicht viel glücklicher in ihren Versuchen waren die Frauenwelt zu beeindrucken, stellten sie sofort die Verbindung zwischen Larry und Rolihlahla her.

Dieser steuerte sofort auf einen riesigen Flachbildschirm zu, auf dem das neue Abenteuer des verhinderten Don Juan der Computerspieleindustrie vorgestellt wurde. Er hatte alle Teile von Larry zu Hause und war natürlich auch am neusten Werk interessiert.

Plötzlich stand eine wunderschöne, leicht bekleidete Hostesse im passenden Outfit zum neuen Spiel neben ihm und säuselte ihm etwas ins Ohr, das ihm die Röte ins Gesicht trieb. Dabei machten sich Sandro und Alex schon fast Sorgen um seinen Blutdruck. Aber eben nur fast. Stattdessen verfielen sie einem schadenfrohen Lachanfall, als sie sahen, wie unbeholfen Rolihlahla dieser Schönheit gegenüberstand.

Er kaufte sofort das Spiel um wieder aus dieser unangenehmen Situation, bei der ihn schon viel zu viele Menschen beobachteten, herauszukommen.

Für Sandro und Alex stand nun unumstößlich eines unwiderruflich fest.

»Du bist unser Held«, sagte Sandro zu Rolihlahla, als er mit seiner Errungenschaft wieder bei ihnen auftauchte.

»Ab sofort bist du der wahre Larry«, ergänzte Alex mit einem breiten Grinsen im Gesicht.

»Ihr seid doch bescheuert«, antwortete Rolihlahla. Als er sich gerade so richtig aufregen wollte, kam ihm der Gedanke jedoch gar nicht so abwegig vor. Larry war immer noch besser als sein eigentlicher Name. Und er musste ja nicht sagen, wo der Name herkam. Später konnte er sich dann immer noch etwas einfallen lassen, um den Spitznamen zu erklären, aber fürs Erste fand er es gar nicht schlecht.

Er beließ es dabei und beschloss sich vor erst nicht gegen den Spitznamen zu wehren. Es lag schließlich an ihm, ob er ihn benutzte, wenn er das nächste Mal zur Eroberung eines weiblichen Wesens ansetzte.

Am Merchandisingstand wollten ihm Alex und Sandro dann gleich noch einen originalen Leisure Suit aufschwätzen, aber er wehrte sich erfolgreich gegen diesen Trainingsanzug. Zuviel Larry musste dann doch nicht sein.

Jetzt waren erst einmal die Häppchen und Getränke dran, die überall kostenlos an den Ständen angeboten wurden. Sie nahmen, was sie kriegen konnten. Doch nicht nur die kulinarischen Angebote, sondern auch die unglaubliche Masse an Werbematerialien entfalteten den Jäger und Sammlerinstinkt von Rolihlahla, Sandro und Alex.

Wie kleine Kinder griffen sie nach allem, was irgendwie kostenlos aussah. Ob sie es nun brauchen konnten oder nicht, war mittlerweile völlig egal. Sie hatten eine Gier entwickelt, die sich nicht mehr stoppen ließ. Erst als sie nichts mehr tragen und in ihren Tüten unterbringen konnten, hörten sie auf zu hamstern. Voll bepackt schoben sie sich wieder in die öffentlichen Verkehrsmittel, wo die erbeuteten Schätze auch noch lange nachdem sie ausgestiegen waren ihre Runden durch München drehten. Lediglich das, was sie in ihre Rucksäcke gestopft hatten, ist von ihrer Beute übrig geblieben. Wenigstens war da das neue Spiel von Rolihlahla dabei.

Kapitel 7

Der Abend in München sollte das bisher gelungene Wochenende abrunden und Rolihlahla, Sandro und Alex machten sich auf in einen viel besungenen Stadtteil, um so richtig die Puppen tanzen zu lassen.

Unterwegs kehrten sie noch in ein Fast Food Restaurant ein, um auch wirklich keine Zeit zu verlieren. Sie waren schon spät dran und am nächsten Morgen mussten sie schon wieder die Heimreise antreten.

Alles war perfekt. Keine Schlange an der Kasse und jede Menge Platz.

Die Mitarbeiter hinter dem Tresen begrüßten die drei Gäste allesamt mit einem freundlichen Lächeln. Am Rande fingen sogar zwei davon an, miteinander zu tuscheln, was aber ihrer Meinung nach nichts mit ihnen zu tun haben konnte.

Doch da die drei Computerspielefreaks fast ausnahmslos jedes Klischee bedienten, was dieser Gattung Mensch an eigentümlichen Neigungen bezüglich ihrer Kleidung nachgesagt wird und dazu außer ihnen so gut wie niemand im Restaurant war, hätte man eigentlich darauf kommen können, dass der Grund des Lächelns doch ein anderer als pure Freundlichkeit war.

Es war schon ein amüsantes Bild, als sie auf den Tresen zugeschlendert kamen. Und dabei war Rolihlahla noch mit Abstand am neutralsten gekleidet. Obwohl auch er mit seinen langen Haaren, dem Indianerschmuck an Hals und Ohren sowie seinen etwas aus der Mode gekommenen Stiefeln nicht gerade am Puls der Zeit lag.

In diesem Fall aber stahlen ihm Sandro und Alex deutlich die Show.

Sandro hatte die Angewohnheit, wegen seines italienischen Namens und der Tatsache, dass weit entfernte Vorfahren von ihm aus dem Süden kamen, sich zu besonderen Anlässen auch wie ein Italiener zu kleiden. Aber niemand außer ihm konnte diese Verbindung als Außenstehender herstellen. Er sah nicht im Geringsten wie ein Italiener aus. Er hatte blonde kurze Haare, die er in solchen Situationen mit Gel versuchte nach hinten zu kleben. Aber bei jedem Schritt, den er machte, brach ein Haarbüschel aus dem Gefängnis aus Gel und Haarspray aus und stand recht eigenwillig in alle Richtungen. Dazu trug er auch am Abend eine schwarze Sonnenbrille. Das alles, kombiniert mit einem Nadelstreifenanzug, zu dem er bunte Turnschuhe trug, weil er keine anderen dabei hatte, könnte ein Grund, des nicht aufhören wollenden Lächelns der Mitarbeiter, gewesen sein. Doch dieser Gedanke kam den drei Stilikonen nicht einmal annähernd in den Sinn.

Auch die Tatsache, dass Alex in einem wehenden Lackmantel den Raum betrat, den er zur Faschingszeit im Internet bestellt hatte, um sein Idol aus dem Film Matrix darzustellen, ließ sie nicht daran zweifeln, dass sie für den heutigen Abend das absolut perfekte Outfit gewählt hatten.

Mit vollen Tabletts machten sie es sich an einem Tisch gemütlich und fielen wie hungrige Wölfe über ihr Festmahl her. Dabei führte Rolihlahla sein immer wiederkehrendes Ritual mit dem Riesenburger etwas zu schnell aus. Er klappte den Deckel der Verpackung hoch, warf die obere Brötchenhälfte in den Deckel der Verpackung. Das machte er normalerweise auch mit der oberen Fleischlage und dem restlichen Belag, um an die Zwischenschicht des Brötchens zu kommen, die er dann mit Pommes füllte und so verspeiste. Dieses Mal aber flog die Gurkenscheibe zu weit und landete mit einem satten Schmatzen auf seinem Gegenüber. Das war aber zum Glück Alex, dessen Lackmantel dieses Missgeschick ohne Rückstände überlebte. Nicht so glimpflich kam der Verursacher selbst davon, als "NEO" ihm, mit einer blitzschnellen Handbewegung die Scheibe zurückwarf und diese mitsamt Senf und Ketchup an seinem weißen Hemd kleben blieb.

Hierüber konnte sich Rolihlahla nicht aufregen, da er selbst diese Kettenreaktion ausgelöst hatte und beschloss später seine Jeansjacke einfach nicht auszuziehen.

Als sie nun endlich an einem Etablissement ankamen, das allein schon ihren Vorstellungen entsprach, weil neben dem Eingang Fotos von leicht bekleideten Damen hingen, die an Stangen tanzten, ernteten sie schon zum zweiten Mal an diesem Abend ein freundliches Lächeln vom Personal.

Die Münchner schienen durch die Bank ein sehr freundliches Volk zu sein. Nachdem sie von den zwei netten Herren, die am Eingang standen, freundliche Wünsche für einen netten Abend mit auf den Weg bekommen hatten, konnte Rolihlahla noch ganz leise das Wort Vollpfosten beim Eingangspersonal hören. Sicher hatte sich einer der beiden nicht zu hundert Prozent korrekt verhalten und bekam dafür von seinem erfahreneren Kollegen eine Rüge erteilt.

Rolihlahla überlegte kurz, ob er nochmals umdrehen sollte, um ihnen mitzuteilen, dass sie völlig zufrieden mit der Begrüßung und der Behandlung durch die Türsteher waren, entschied sich dann aber dagegen. Er konnte es schließlich auch nicht brauchen, wenn sich jemand in seine Umgangsformen mit seinen Mitarbeitern Hans und Franz einmischte.

Es war unglaublich und sie konnten ihr Glück auch beinahe nicht fassen. Kaum saßen sie an der Bar, hatten sich etwas zu trinken bestellt und starrten wie gebannt auf eine kleine Bühne, auf der eine eh schon sehr leicht bekleidete Dame anfing sich auszuziehen, kamen auch noch drei sehr attraktive Damen direkt zu ihnen. Selbstverständlich ließen sich Rolihlahla, Sandro und Alex nicht lumpen und bestellten für jede einen Piccolo für schlappe siebzehn Euro.

Es entwickelte sich eine sehr anregende Unterhaltung, die unsere drei Helden zwar an den Rand des Ruins führte, ihr Selbstwertgefühl aber ins Unermessliche steigen ließ. Leider konnte sich Rolihlahla auch an sonst nichts mehr erinnern, als er plötzlich in einem Krankenwagen wieder die Augen aufmachte. Er hatte keine Ahnung, wie er da hingekommen war und warum seine zwei Freunde mit nicht gerade freundlicher Miene danebensaßen.

Als seine Gesprächspartnerin plötzlich sehr nah an ihn herankam und ihm, als sie gerade etwas in sein Ohr flüsterte, mit der Hand ganz langsam vom Knie in Richtung seiner Leistengegend strich, bekam er einen kreislauftechnischen Totalausfall, die Lichter gingen aus und er konnte von Glück reden, dass er dabei die

Dame, die Schuld an der Misere war, unter sich begraben hatte. So ist er wenigstens weich gelandet. Auch wenn diese nun mit ein paar Prellungen zu kämpfen hatte.

Als seine Freunde ihm die Story erzählt hatten, konnte er sich schon denken, warum die zwei so grimmig schauten.

Immerhin hatte er damit ja auch ihnen die Tour vermasselt.

Während Rolihlahla in der Notaufnahme versorgt wurde, wo ihm auch versichert wurde, dass dieser Zwischenfall wohl eher unbedenklich sei, schlenderten Sandro und Alex aus Langeweile ein wenig durch die Gänge im Krankenhaus.

Auf einmal sah Sandro eine offenstehende Tür. Der Raum dahinter sah aus wie eine Umkleidekabine, genau wie sie es schon in unzähligen Krankenhausserien gesehen hatten.

»Komm, da gehen wir mal rein«, sagte Sandro mit einem schelmischen Grinsen auf den Lippen.

»Das können wir doch nicht machen!«, antwortete Alex besorgt und blickte sich automatisch nach allen Seiten um, ob sie nicht beobachtet wurden.

»Mensch, komm schon, stell dich nicht so an. Das ist doch nichts Schlimmes. Jetzt sei doch kein Spielverderber.«

Mit einem unguten Gefühl im Magen schlich Alex hinter Sandro in den Umkleideraum.

»Mensch ist das geil. Da hängen ja überall echte Arztklamotten rum. Ich glaub ich zieh mir mal so ne Arztkluft an«, sagte Sandro und ließ sich auch nicht durch die flehenden Worte seines Freundes davon abhalten. Da Alex nicht als Feigling dastehen wollte, streifte er sich auch einen weißen Kittel über.

Plötzlich flog die Tür auf und ein Arzt kam mit völlig blutverschmierten Kleidern in den Raum.

»Oh Mann, war das eine Sauerei mit der Notoperation. Der hat geblutet wie ein Schwein. Aber er hat überlebt«, erzählte der Arzt seine jüngsten Erlebnisse, ohne genau nach seinen beiden Kollegen zu sehen. Es war ein großes Krankenhaus und die Chancen, diesen heimlichen Ausflug in die Welt der Götter in Weiß unerkannt zu überstehen, standen gar nicht schlecht.

»Ich muss jetzt erst einmal duschen. Mir kommt es vor als würde ich überall mit Blut verschmiert sein. Ich wünsch euch noch einen angenehmen Dienst mit etwas weniger Blut.«

Er warf seine Klamotten in einen Wäschebehälter und ging durch eine Tür in die Dusche. Als Sandro und Alex gerade tief durchatmen wollten, ging die Tür der Dusche wieder auf.

»Wer seid ihr eigentlich? Ich kenne euch noch gar nicht. Ich dachte wir stellen im Moment keine Leute ein«, fragte der nackte Arzt und schaute fragend in das entsetzt dreinblickende Gesicht von Alex. Dieser brachte überhaupt kein Wort heraus und Sandro ergriff die Initiative, bevor Alex sich aus lauter Nervosität noch zu Rolihlahla in die Horizontale begab.

»Ich bin Dr. Margherita und das ist Dr. Neo. Wir sind hier für ein paar Tage zur Aushilfe, aufgrund der hohen Krankheitsrate.«

Alex schaute Sandro an als ob dieser völlig bescheuert und nicht mehr Herr seiner Sinne wäre. Aber es schien zu funktionieren. Ihr Kollege verabschiedete sich mit einem zustimmenden Nicken, jedoch ohne sich selbst vorzustellen, in die Dusche.

»Dr. Margherita und Dr. Neo? Du hast doch einen Vollknall. Wie kommst du denn auf den Scheiß, du Vollhorst?«

»Bei mir als fast Halbitaliener ist das doch gar nicht so abwegig und bei dir ist mir halt auf die Schnelle nichts Besseres eingefallen«, antwortete Sandro und Alex musste mit Entsetzten feststellen, dass sein Freund das auch noch ernst meinte und der erwartete Lachanfall ausblieb.

In der Freundschaft von Rolihlahla, Sandro und Alex kam es regelmäßig vor, dass immer wieder einer vom anderen dachte, er wäre nicht mehr ganz bei Sinnen oder einfach nur völlig bescheuert und würde besondere Zuwendung brauchen. Da sich dieser Gedanke aber immer wieder regelmäßig im Kreis drehte, dachte jeder Einzelne, dass er der einzig normale Mensch in der Truppe sei und eben ein bisschen auf seine Freunde aufpassen müsste. In genau dieser Situation befanden sich beide gleichzeitig, was sofort den Beschützerinstinkt hervorrief und wenigstens ein Mindestmaß an Vernunft an den Tag förderte. Sie zogen ihre geborgten Klamotten so schnell wie möglich aus, ihre eigenen wieder an und liefen im Laufschritt zur Notaufnahme, wo ihr Freund auch schon auf sie wartete. Er war zwar alles andere als fit aber er musste wenigstens nicht zur Beobachtung im Krankenhaus bleiben.

Kapitel 8

Am nächsten Morgen saßen Sandro und Alex mit einem noch etwas geschwächten Rolihlahla im Zug und waren bereits auf dem Weg nach Hause. Obwohl er eigentlich gedacht hätte, dass seine zwei Freunde ziemlich sauer auf ihn waren, erwies sich das glücklicherweise als Fehleinschätzung. Was Rolihlahla nicht wusste, war, dass seine zwei Kumpel zu diesem Zeitpunkt eh schon so gut wie pleite waren und fast froh waren, so einfach aus der Nummer wieder raus gekommen zu sein. Die grimmige Miene im Krankenwagen kam eher daher, dass die zwei es nicht mehr auf die Toilette geschafft hatten und sie so mit praller Blase neben ihm saßen.

»Mann, war das ein Wochenende«, beendete Sandro die Stille im Abteil.

»Das kannst du laut sagen«, pflichtete ihm Alex bei.

Nur Rolihlahla traute sich irgendwie nichts zu sagen, da er zwar vermutete, dass seine Freunde nicht mehr sauer waren, aber ausgesprochen hatte es noch keiner.

»Mensch Larry«, sagte plötzlich Sandro und klopfte ihm dabei kräftig auf die Schulter.

»Jetzt lass mal den Kopf nicht so hängen. Nur weil du die Frau in dem Schuppen niedergestreckt hast, geht doch die Welt nicht unter.«

»Genau«, bestätigte Alex ihn. »Das hätte schließlich jedem von uns passieren können.«

»Mir nicht«, gab Sandro zurück. »Aber egal. Es hat ja auch nicht jeder das Glück und ist wie ich, mit einer südländischen Ausstrahlung und sizilianischer Coolness gesegnet.«

Im Normalfall wäre so etwas als selbstironischer Scherz durchgegangen, aber Sandro meinte das todernst. Keiner seiner zwei Begleiter zweifelte an dieser Feststellung und so blieb ein Ausspruch, der in jeder anderen Reisegruppe für schallendes Gelächter gesorgt hätte, völlig unkommentiert.

Auf Rolihlahlas Lippen machte sich zwar ein leichtes Lächeln bemerkbar, aber das hatte eher die Tatsache herbeigeführt, dass er nicht als der, der das Wochenende versaut hatte, abgestempelt wurde.

Statt dessen diskutierten die drei noch eine ganze Weile über die Spielemesse und amüsierten sich mehrmals prächtig über die fehlgeleitete Flugbahn von Rolihlahlas Gurkenscheibe, die auf Alex´ Mantel landete.

Wie durch ein Wunder kamen sie ohne weitere Zwischenfälle wieder zu Hause an und beschlossen spontan das Ganze bald zu wiederholen. Auf dem letzten Stückchen seines Heimwegs kam Rolihlahla wieder seine Fliege an der Decke in den Sinn. Eigentlich wollte er der todgeweihten ja schon nach seinem letzten beruflichen Erfolg eine Geschichte erzählen, hatte es aber wieder vergessen, bevor er zu Hause war.

Und so beschloss er, seine Erlebnisse vom Wochenende, mit seinem Haustier an der Decke zu teilen und sich erst gar nicht die Mühe zu machen, den Fleck samt Fliege zu entfernen. Schließlich hat Tom Hanks in irgendeinem Film ja auch mit einem Ball gesprochen. Und das war ja noch bescheuerter, als mit einer Fliege zu reden. Aber so richtig sicher war er sich dabei, je länger er darüber nachdachte, auch nicht mehr und beschloss die Fliege mit samt dem Honigfleck zwar erst einmal an Ort und Stelle zu lassen, aber ihr vielleicht vorerst noch nichts zu erzählen. Er wollte sich zunächst noch besser an die Gegenwart seines neuen aber wahrscheinlich schon toten Mitbewohners gewöhnen. Das war wieder einer dieser merkwürdigen Momente in Rolihlahlas Leben, in dem er auf unerklärliche Weise sehr froh darüber war, dass niemand seine Gedanken lesen konnte. In diesen erhellten Momenten kamen ihm immer wieder ganz kleine Zweifel an sich selbst. Doch solange ihm das nur selbst auffiel, befürchtete er auch nicht, als Spinner deklariert zu werden. Hätte er einen etwas gewöhnlicheren Freundeskreis, wäre dies vielleicht anders, aber so wie es war, passte das gerade noch in seine Vorstellung von Normalität.

Kapitel 9

Rolihlahla wachte am Montagmorgen mit einer schon fast unverschämt guten Laune auf. Er konnte sich zwar selbst nicht erklären, an was das liegen konnte, aber er nahm es einfach wie es war.

»Heute wird ein guter Tag«, sagte er halb singend, halb blubbernd mit der Zahnbürste im Mund zu seinem Spiegelbild. Dieses widersprach ihm auch nicht und voller Tatendrang ging er in die Küche. Sofort fiel sein Blick auf die Fliege an der Decke im Honigfleck.

Ihn überkam ein Anflug von Trauer, als er ihren Tod feststellen musste und beschloss spontan ein kleines Kreuz zu basteln, um es neben ihr an die Decke zu kleben. Er nahm zwei Holzstückchen, die er in seiner Rumpelkammer fand, wickelte Tesafilm darum und beschloss seinen toten Mitbewohner post mortem auf den Namen Puck zu taufen. Den Namen schrieb er auf das Kreuz und klebte es neben die Fliege.

Zufrieden begutachtete er sein Werk und ging mit dem beruhigenden Gedanken, eine gute Tat vollbracht zu haben, zur Arbeit.

Pfeifend schlenderte er über den Hof und begrüßte seine zwei Mitarbeiter Hans und Franz ungewöhnlich freundlich.

»Guten Morgen Hans, guten Morgen Franz. Ich hoffe ihr hattet ein erholsames Wochenende«, sagte er halb singend zu seinen Mitarbeitern.

Hans und Franz waren aufgrund dieser äußerst selten vorkommenden Überschwänglichkeit ihres Chefs ziemlich verwirrt und beschränken sich ihrerseits auf ein gewöhnliches »Moin«.

Kurze Zeit später hatte Franz die Situation analysiert und ließ seinen Kollegen an den neuen Erkenntnissen teilhaben.

»Oh Mann, ich glaube heute hat er bestimmt wieder extra gute Ideen und wir können den ganzen Scheiß ausbaden.«

»Wahrscheinlich«, antwortete Hans und pflichtete Franz ohne Umschweife bei.

Den ganzen Vormittag lagen sie bei ihren typischen Montagmorgentätigkeiten auf der Lauer, um einem überdurchschnittlich guten Einfall ihres Vorgesetzten rechtzeitig aus dem Weg gehen zu können. Sie hatten irgendwie das Gefühl, dass heute eine zweite Rainwall auf dem Programm stehen könnte. Dieses Wunderwerk der Technik, wie ihr Chef es gerne nannte, stand immer noch unter der Überdachung.

Doch heute täuschten sich Hans und Franz gewaltig. Rolihlahla war in seinem Büro hinter seinem Chef-Hausmeister-Büro und stand kurz davor in seiner wahren Berufung den Coup seines Lebens zu landen. Für einen Außenstehenden war die Tragweite dessen, was sich gerade auf dem Bildschirm vor ihm abspielte, nicht zu erkennen.

Und wenn er genau darüber nachdachte, war es für ihn genauso wenig zu sehen. Auch wenn ihm bewusst war, dass er gerade einen der am besten geschützten Großrechner der Welt geknackt hatte, konnte er mit den Datenkolonnen, die er hier fand, in der Kürze der Zeit nichts anfangen. Nun bestand sein Job darin, das geknackte Datenmaterial auf eine sichere Weise über diverse Server, die auf der ganzen Welt verteilt waren, in das Verteidigungsministerium zu schicken, bevor die Verbindung gekappt wurde. Lange blieb sein Eindringen meist nicht unentdeckt, aber zurückverfolgen konnte man ihn bisher noch nie und eben dies war sein großes Talent. Genau deshalb arbeitete er in einem Büro hinter einem Büro getarnt als Chef-Hausmeister. Als die Daten ihren Weg an die richtige Stelle gefunden hatten, lehnte er sich zurück und war mit sich überaus zufrieden. Er war gespannt, was dieser Tag noch alles für ihn zu bieten hatte. Denn er hatte bisher recht behalten und der Tag verlief perfekt. Der einzige Wehmutstropfen nach seiner heutigen Heldentat war derselbe wie immer. Er hatte Gewaltiges geleistet und konnte es niemandem erzählen. Er hatte vielleicht seinem Land Informationen zur Verfügung gestellt, die es vor einem Terroranschlag schützten. Aber anstatt dass jemand von diesen Dingen erfuhr, war viel wahrscheinlicher, dass ihn eine ganze Menschenmenge dabei beobachtete, wie er mit zwei umweltfreundlichen Papiertüten den Supermarkt verlässt und kurz vor seinem Auto der Boden einer Tüte reißt, weil dieser durch eine ausgelaufen Milchpackung völlig durchgeweicht war.

Doch Rolihlahla war sich bewusst, dass eben dies der Preis seines Genies war. Und mit dem dringenden Bedürfnis, wenigstens über irgendetwas zu reden, wenn er den wahren Grund seiner mittlerweile ins Unermessliche steigenden Laune schon nicht preisgeben konnte, machte er sich auf den Weg zu Hans und Franz.

Die waren gerade damit beschäftigt, eine große Menge Stahlrohre, in die man Absperrgitter einhängen konnte, in einem von ihrem Chef selbst entworfenen Wandregal zu verstauen. Franz blickte um die Ecke und war sich sofort bewusst, dass er nicht mehr rechtzeitig reagieren konnte, um vor einer weiteren genialen Idee zu flüchten. Sein Chef war gerade mal noch ein paar Meter entfernt, was ihm nur noch ein undeutlich gemurmeltes »Mist« entlocken konnte, bevor er Hans durch eine Kopfbewegung auf das Auftauchen von Rolihlahla aufmerksam machte. Dieser zog sogar für den Bruchteil einer Sekunde in Erwägung seinen zwei Mitarbeitern das „Du" anzubieten und ihnen zu gestatten ihn bei seinem Spitznamen Larry zu nennen. Aber er verwarf den Gedanken schnell wieder, weil ihm eigentlich klar war, dass dies in brenzligen Situationen seine Autorität untergraben könnte. Wobei ihre Konversation sowieso irgendwo zwischen „Du" und „Sie" ablief. Er entschied sich daher für eine zwanglose Unterhaltung mit den gewohnten Umgangsformen.

»Na, wie kommt ihr voran?«, fragte er Hans, der immer noch ein großes Fragezeichen im Gesicht zu haben schien, was auf das plötzliche, ungewohnte und überaus gut gelaunte Auftauchen seines Chefs zurückzuführen war.

»Gut«, brachte er die Situation nüchtern auf den Punkt. Als er sah, wie die Augenbrauen seines Gegenübers zuckten, beschloss er noch etwas genauer zu werden.

»Also die Rohre sind jetzt fast an Ort und Stelle. Das Sortieren hat uns fast den ganzen Morgen gekostet.«

»Wunderbar«, freute sich Rolihlahla und gab dem mächtigen Stapel Rohre, die schon im Regal waren einen freundschaftlich Klaps und registrierte ein leises aber deutlich zu vernehmendes Knacken. Und dann hörte er ein zweites, etwas intensiveres Geräusch, dass nichts Gutes verhieß.

»Oh, oh«, sagte Franz und schätze damit die Situation völlig korrekt ein. Gerade als er ausgesprochen hatte, kam das dritte und letzte Knacken, bevor mit einem unbeschreiblichen Lärm die Halterung nach vorne wegkippte und die gesamte Ladung Rohre über den Hof rollte.

»Oh, oh«, war auch der Kommentar von Rolihlahla, als er in die ratlosen Gesichter seiner Mitarbeiter schaute.

»Da war wohl irgendwas nicht ganz korrekt eingeräumt. Aber das kann ja jedem Mal passieren. Ich würde vorschlagen ihr ersetzt nach und nach die beschädigten Dübel, schraubt das Regal wieder fest an die Wand und räumt die Rohre dieses Mal eben etwas sorgfältiger ein.«

Mit diesen Worten und einem Lächeln auf dem Gesicht, das zum Ausdruck bringen sollte, dass er ihnen wirklich nicht böse war, schlenderte er pfeifend wieder zurück in sein Büro. Und weil er heute einen so ausgesprochen guten Tag hatte, beschloss er noch auf dem Rückweg, dass er Hans und Franz zur Mittagspause ein Bier ausgeben wollte. Er war sicher, dass es die beiden unheimlich motivieren würde, wenn sich ihr Chef in der Mittagspause zu ihnen setzte und mit ihnen ein Bierchen trank.

Da freute er sich drauf und war gespannt auf die überraschten Gesichter seiner Mitarbeiter.

»Heute ist ein sehr guter Tag«.

Kapitel 10

Rolihlahla steuerte mit seinem Auto, wie jeden Montag, auf den Parkplatz seines Supermarktes zu. Und es musste wohl an diesem ganz besonderen Tag liegen, dass genau, als er durch den Parkplatz fuhr, eine Lücke direkt vor dem Eingang und neben den Einkaufswägen frei wurde. Zielsicher lenke er seinen Wagen an Ort und Stelle, stellte den Motor ab und ließ die Tür aufschwingen, die mit einem satten Donnern an das Metallgestänge knallte, hinter dem sich die Einkaufswägen befanden.

Er registrierte das zwar, aber das konnte seine Laune nicht im Geringsten beeinträchtigen. Zumal er seine erste Delle in dieses Auto, dass er mittlerweile schon acht Jahre besaß, hineinfuhr, als er den Hof des Autohändlers, bei dem er es gebraucht erworben hatte, verließ.

Damals blieb er an einem Pfosten hängen, der seiner Meinung nach nicht ausreichend gekennzeichnet war und sich mitten im normalen Wenderadius eines handelsüblichen PKW's befand. Die Tatsache, dass er den Hof über den Parkplatz und eine hohe Bordsteinkante verließ, ließ er schon damals nur widerwillig gelten.

Aber mittlerweile fielen eher die glatten als die verbeulten Stellen an seinem Auto auf. Deshalb begegnete er dem fragenden Blick eines Kunden, der sich über die Gelassenheit bezüglich der angestoßenen Tür wunderte, mit einem freundlichen Lächeln, besorgte sich einen Wagen und machte sich auf, sein Abendessen zu kaufen.

Er lief immer noch gut gelaunt durch die Gänge und nahm sich vor, heute etwas ganz Besonderes zu kochen. Die Auswahl der Zutaten schien sehr wahllos zu sein, aber genau das war seiner Meinung nach auch seine Stärke. Er konnte aus lauter Zutaten, die eigentlich nicht zueinanderpassten, eine wunderbare Mahlzeit zaubern. Zumindest redete er sich das ein. Denn ihm würde auch bei längerem Nachdenken niemand einfallen, der ihm dieses Talent bestätigen könnte. Doch mit solchen Nebensächlichkeiten gab er sich für gewöhnlich gar nicht ab und so ließ er seinen Blick weiter durch die Regale schweifen, um noch mehr besondere Zutaten für sein Festmahl zu entdecken.

Dabei viel sein Blick, genau durch die Tiefkühlabteilung hinüber in den nächsten Gang, wo er die blonde Schönheit wieder sah, mit der er bei seinem letzten Einkauf zusammengestoßen war.

Plötzlich sah auch sie in seine Richtung. Genau wie beim letzten Mal, erschien es ihm, als ob sich seine Bewegungen auf einmal nur noch im Zeitlupentempo abspielten. Erst recht in dem Moment, in dem sie ihn anlächelte. Dabei spürte Rolihlahla, wie seine Mundwinkel sich soweit seinen Ohren näherten, dass es schon fast weh tat.

Wie gebannt starrte er, mit fast kreisrundem Grinsen, auf den blonden Engel im Nachbargang. Er konnte gar nicht glauben, dass sie auch wirklich ihn anlächelte. Fast schon schwebend konnte er seinen Blick nicht mehr von ihr abwenden und bemerkte auch nur unterschwellig, dass sich ihr Lächeln ganz langsam in einen eher besorgten Blick verwandelte. Das war genau der Moment, in dem er mit seinem Wagen ein zwei Meter hoch aufgetürmtes Sortiment aus Gurkengläsern im Sonderangebot rammte und ein ohrenbetäubender Lärm ihn aus seinem herrlichen Tagtraum riss.

Die eine Hälfte stürzte ihm in seinen Einkaufswagen, was ihn vor ernsthaften Verletzungen, verursacht durch etwa zweiundvierzig Jumbo Gurkengläser mit einer netto Einwaage von 1200g, schützte. Die andere Hälfte krachte in der entgegengesetzten Richtung auf den Fliesenboden. Davon wiederum zerplatzte etwa ein Drittel sofort und der Rest rollte in Richtung der Fleischtheke.

»Das war mit Sicherheit Rekord«, kommentierte ein junger Supermarktmitarbeiter den Unfall und konnte sich ein Grinsen nicht verkneifen. Dieser war zwar erst zwei Jahre in dieser Filiale, wusste aber genau Bescheid, dass Unheil nahte, wenn Rolihlahla den Laden betrat. Es passierten zwar nur selten Dinge in diesem Ausmaß, aber kleinere Missgeschicke kamen schon öfters mal vor.

»Verdammte Scheiße«, fluchte Rolihlahla vor sich hin und fing an die immer noch in Bewegung befindlichen Gläser aufzuhalten. Immerhin schickte sich auch sofort der junge Mitarbeiter an ihm zu helfen, und eine weitere Mitarbeiterin kam eiligst mit Eimer und Lappen angerannt.

»Mensch, wo hatten sie denn ihre Augen?«, fragte diese etwas ungehalten.

»Bei einem Engel«, säuselte er ganz leise mit der Gewissheit vor sich hin, dass das wohl das letzte Lächeln war, dass er von ihr geschenkt bekam.

Um so größer war seine Überraschung, als sie plötzlich neben ihm kniete und vorerst kommentarlos beim Beheben des Schadens half.

Mit vereinten Kräften war der Boden blitzschnell von den Gurken und Gurkengläsern befreit. Nur der Essiggeruch war so schnell wohl nicht weg zu bekommen.

»Ich, ähm, also, ich weiß gar nicht, wie ich mich bei ihnen bedanken soll«, stotterte Rolihlahla vor sich hin.

»Das war doch selbstverständlich. Schließlich haben sie mir ja letzte Woche auch geholfen«, antwortete sie und lächelte ihn immer noch dabei an. »Aber wollen wir nicht die Förmlichkeiten lassen und uns endlich einander vorstellen?«

Wow, die geht aber ran, dachte er sich und war froh, dass er in dieser Situation endlich einmal seinen neuen Spitznamen einsetzen konnte.

»Genau. Also ich bin Larry«, sagte Rolihlahla und streckte ihr die Hand entgegen, die beim Erklingen seines Namens einen ähnlichen Blick aufsetzte, als diejenigen, bei denen er sich mit seinem wirklichen Namen vorstellte.

»Ähm, ja. Sehr ausgefallener Name«, sagte sie.

»Ich heiße Wolke. Wolke Schmidtbauer.«

Rolihlahla konnte es nicht fassen. Die erste Frau, bei der er sich mit seinem neuen Spitznamen vorstellte, hatte selbst einen Hippienamen. Seine Gedanken ratterten auf Hochtouren um einen Weg zu finden, wie er sich aus dieser Larrynummer wieder herauswinden konnte.

»Hab ich gerade Larry gesagt?«, fragte er ohne eine Antwort zu erwarten.

»Tut mir leid. Ich war noch ganz in Gedanken an ein Rollenspiel, dass ich am Wochenende mit ein paar Kumpels gespielt habe. Da hatte ich den Namen Larry.«

Er war sich zwar aufgrund ihrer unspezifischen Gestik, nicht wirklich sicher, ob das nun die beste Erklärung war, die er hätte geben können, aber ihm fiel nichts Besseres ein. Außerdem erwartete er sowieso ganz schnell eine Diskussion über die Herkunft ihrer beider Namen, wenn er seinen richtigen Namen nennen würde.

»Im richtigen Leben heiße ich Rolihlahla.«

Wie immer, in dem Moment, wenn er seinen Namen sagte, nahm er eine kaum zu erkennende, aber doch vorhandene, geduckte Haltung ein, als ob er einen Hieb ins Genick erwarten würde.

»Oh, der echte Name von Nelson Mandela. Ich glaube meine Eltern hätten mir, wenn ich ein Junge geworden wäre, auch diesen Namen gegeben. Da haben wir wohl beide Hippies als Eltern. Ich bin beeindruckt«, entgegnete Wolke und stieß ihn damit in einen völlig unerwarteten Gefühlsstrudel. Dass jemand beeindruckt von seinem Namen war, kam bis jetzt nur einmal vor. Und zwar bei seinen Eltern. Die waren noch mehr über die Tatsache, dass ihnen so etwas Geniales eingefallen war, als über den Namen selbst, beeindruckt.

»Da sind wir ja beide mit ganz speziellen Namen gesegnet«, fuhr sie fort und Rolihlahla stand immer noch wie vom Donner gerührt vor ihr und brachte kein Wort heraus. Als sie weitersprach und ihn fragte, ob er nicht Lust hätte sich nach dem Einkauf, mit ihr auf einen Kaffee beim Bäcker vor dem Supermarkt zu treffen, war er nur zu einer rein zweckmäßigen Antwort fähig.

»Mmhh«, sagte er, was man im Zusammenhang mit seinem Kopfnicken als Zustimmung deuten konnte.

»Gut. Dann bis gleich«, sagte Wolke und setzte ihren Einkauf fort.

Rolihlahla hatte Mühe sich aus seiner Trance zu befreien und zwang sein Gehirn dazu, die nötigen Signale an seine Beine zu senden um diese Schritt für Schritt voreinander zu setzten. Für das Essen musste das, was bis jetzt im Wagen war ausreichen, denn ein Fortsetzen seines Einkaufs, hätte ihn in diesem Moment völlig überfordert. Es war für ihn so schon schwer genug die Kasse zu finden und dann auch noch diejenige auszuwählen, die besetzt war. Zum Glück waren die Verkäuferinnen immer ehrlich, denn in seinem Zustand hätte er auch 417€ für seinen Einkauf bezahlt.

Sehr froh diese Hürde überwunden zu haben, ging er zielstrebig auf einen Stehtisch der Bäckerei zu.

Außerstande eine weitere Tätigkeit auszuführen blieb er wie angewurzelt stehen und wartete auf Wolke. Es war ihm nicht möglich einen klaren Gedanken zu fassen, geschweige denn einzuschätzen, ob die Einladung auf einen Kaffee Wirklichkeit war.

»Willst du auch einen Kaffee?«, fragte Wolke, als sie ihre Tüten neben seinen abstellte. Er zuckte regelrecht zusammen. Er hatte sich so darauf konzentriert nichts zu tun, dass er nicht bemerkte, wie sie geradewegs auf ihn zugekommen war.

»Ähm, ja. Klar«, stammelte er. Immerhin waren in seiner jetzigen Aussage zwei verständliche Wörter gewesen - deutlich mehr als in seiner letzten.

Tatsächlich brachte er es fertig, sogar nach diesen unglaublichen Anlaufschwierigkeiten, eine ganz normale Konversation zu betreiben. Er war stolz auf sich. Auch wenn er von solch einer Nervosität geplagt wurde, dass er, nachdem er seinen Kaffee ausgetrunken hatte, die Tasse noch einmal mit dem Inhalt seines Untersetzers zu einem Drittel hätte füllen können. So stark hatte er zu Anfang gezittert. Er war noch immer weit davon entfernt ruhig zu werden. Sehr viel langer hätte das Gespräch nicht mehr dauern dürfen, sonst hätte er vor Aufregung ein Magengeschwür bekommen. Seine Anspannung erreichte zum Ende der Unterhaltung ihren absoluten

Höhepunkt, als Wolke plötzlich ihre Handynummer auf einen Zettel schrieb.

»Hier. Das ist meine Nummer. Ich finde dich nett und ich würde mich freuen, wenn du dich mal bei mir melden würdest«, sagte Wolke zu einem sehr ungläubig dreinblickenden Rolihlahla, der sein Glück kaum fassen konnte.

»Darauf kannst du dich verlassen. Ich werde mich auf jeden Fall melden.«

»Prima«, sagte Wolke mit einem wunderschönen Lächeln auf den Lippen. »Ich muss jetzt leider los. Habe gleich noch einen Termin. Aber warte nicht zu lange. Vielleicht können wir ja schon am Wochenende etwas zusammen unternehmen.«

»Auf jeden Fall. Ich melde mich im Laufe der Woche«, antwortete er und konnte seine Nervosität gerade noch davon abhalten seinem Kreislauf einen Streich zu spielen. Es dauerte eine Weile bis er sich aus seiner Starre lösen konnte, die er eingenommen hatte, als er ihr zum Abschied zuwinkte und nachschaute. Er stellte fest, dass er seinen Arm immer noch oben hielt, obwohl schon niemand mehr zu sehen war.

Auf dem Weg zu seinem Auto rieb er sich seinen Bauch, der aufgrund der dauernden Aufregung, schon zu schmerzen begonnen hatte.

»Wenn ich zu Hause bin, mach ich mir sofort eine Wärmflasche«, beschloss er und versuchte, das gerade Erlebte zu realisieren.

Wie in Trance erreichte er sein Auto, öffnete die Tür und ließ sich in den Sitz fallen. Dort verharrte er eine ganze Weile ohne sich zu bewegen. Rolihlahla bemerkte seine offenstehende Tür erst, als ein Autofahrer wild hupend signalisierte in den Parkplatz neben ihm fahren zu wollen. Er zog die Türe hastig zu. Dummerweise hatte er vergessen seinen Fuß vorher ins Auto zu versetzen. Doch nicht einmal der Schmerz konnte ihn aus seinem Tagtraum reißen.

Kapitel 11

Als Rolihlahla zu Hause ankam, konnte er sich überhaupt nicht mehr an die Fahrt erinnern. Er wusste nicht, ob er bei Rot angehalten hatte oder nicht. So sehr hatte ihn die Begegnung mit Wolke verwirrt.

Um sicher zu gehen, dass es sich nicht doch um einen Traum handelte, kramte er die Telefonnummer aus seiner Tasche. Auf dem Zettel stand tatsächlich etwas. Irgendwie überraschte ihn das. Wie ein wertvolles Dokument befestigte er es mit vier Magneten an der Magnettafel in der Küche. Man konnte nun zwar wegen der vielen Magnete fast die Nummer nicht mehr sehen, aber es würde definitiv halten.

»So, und jetzt brauche ich dringend eine Wärmflasche. Hoffentlich beruhigt das meinen Magen«, sagte er zu sich selbst und suchte die ganze Küche danach ab, bis ihm einfiel, dass er sie im Bad verstaut hatte. Er drehte schon einmal den Wasserhahn in der Küche auf. Bis er wiederkam, würde das Wasser heiß sein.

In der letzten Ecke hatte sich das bescheuerte Teil versteckt. Nachdem er alles, was auf dem Boden verteilt lag, wieder an Ort und Stelle gebracht hatte, ging er mit der Wärmflasche zurück in die Küche. Ganz entfernt konnte er ein Plätschern vernehmen, das nicht genau zu seiner Vorstellung von Wasser in einem Becken passte. Obwohl er es nicht genau einordnen konnte, hatte er bei dem Gehörten, ein sehr ungutes Gefühl. Er bog um die Ecke und stand mit seinen Hausschuhen, die vorne aussahen wie aufgeschnittene Fußbälle, im Wasser. Während seine Hausschuhe durstig das Wasser vom Boden aufsaugten, sah er den Stöpsel in der Spüle. Blitzschnell griff er hinein und zog den Stöpsel. Zum Glück war noch nicht viel Wasser auf den Fußboden gelaufen, aber als der erste Schreck nachließ, spürte er plötzlich, dass er sich die Hand verbrannt hatte.

»Scheiße«, schrie er nun schon zum zweiten Mal an diesem eigentlich perfekt gelaufenen Tag. Gerade weil bisher alles so gut gewesen war, beschloss er auch augenblicklich, dass er sich weder von einem nassen Fußboden, noch von einer verbrannten Hand, die Laune verderben lassen würde.

Er stapfte mit seinen Hausschuhen solange durch die Küche, bis diese kein Wasser mehr aufnehmen konnten und der Boden wieder halbwegs trocken war. Rolihlahla amüsierte sich über sich selbst. Verschmitzt ertappte er sich, wie er seinen Schuhen ein fröhliches „Prosit" zurief.

Danach rieb er sich die Hand mit einer Brandsalbe ein und startete den zweiten Versuch, seine Wärmflasche zu füllen. Er drehte das Wasser auf. Vorsichtig testete er, ob das Wasser schon wieder heiß genug war. Mit gespreizten Fingern hielt er die Wärmflasche unter das fließende heiße Wasser. Dabei unterschätze er, deren Gewicht in gefülltem Zustand. Plötzlich, ohne jegliche Vorwarnung entglitt ihm die fast komplett gefüllte Wärmflasche.

Rolihlahla reagierte im Bruchteil einer Sekunde und griff nach ihr. Er bekam sie auch zu fassen. Jedoch konnte er nicht verhindern, dass sie auf dem Boden der Spüle aufsetzte, leicht einknickte und ihn anspuckte. Sofort als die Wärmflasche den Boden der Spüle berührte, spie sie einen Teil ihres Inhaltes aus. Zum Glück spritzte das kochend heiße Wasser dieses Mal nur auf seinen Pullover, was ihn vor einer weiteren Verbrennung bewahrte.

Mit einer Überdosis Adrenalin im Blut schraubte er den Deckel zu, ließ sich auf einen Küchenstuhl fallen und hielt sich die Wärmflasche an den Bauch.

»Schade, dass du das nicht mehr erleben kannst«, sagte er mit trauriger Stimme zu Puck, der unverändert neben seinem Kreuz im Honig an der Decke von Rolihlahla's Küche hing.

»Heute war ein guter Tag. Sogar ein sehr guter Tag. Ich habe die Telefonnummer einer Traumfrau ergattert und sie hat mich gebeten, mich bei ihr zu melden. Ist das nicht fantastisch?«

Als ob er tatsächlich eine Antwort erwarten würde, schaute er an die Decke.

Ganz langsam beruhigte sich sein Magen ein wenig. Doch als ihm bewusst wurde, dass er nun derjenige war, der die Initiative ergreifen musste, um ein Date klar zu machen, war die Wirkung der Wärmflasche schon wieder dahin. Sein Magen krampfte sich sofort zusammen. Er wusste, er benötigte einen genialen Plan.

Rolihlahla verbrachte den Rest des Abends damit, mit Puck über möglich Szenarien zu diskutieren. Vielmehr hielt er einen Monolog. Was ihn aber zumindest soweit führte, dass er sich sicher war, für dieses wichtige bevorstehende Ereignis Unterstützung zu brauchen. Er würde gleich am nächsten Tag seine zwei Kumpel Alex und Sandro auf ein Bier einladen und sie um Rat fragen.

Wenn einer Bescheid wusste, dann mit Sicherheit Sandro. Wer sonst, außer jemand, dessen Stammbaum bis in südliche Regionen Europas reichte, konnte wissen, wie man ein Date am besten vorbereitet.

Je länger er darüber nachdachte, desto mehr Zweifel kamen ihm. Doch es blieb ihm ja nichts anderes übrig, da er nicht wusste, mit wem sonst er den Abend aller Abende vorbereiten sollte. Johannes wäre mit Sicherheit noch eine Alternative gewesen. Er war immer nüchtern und rational. Doch der musste sofort, nachdem er sich von seinem Unfall erholt hatte, geschäftlich ins Ausland.

Rolihlahla lag in dieser Nacht immer noch mit einem extrem nervösen Gefühl in der Magengegend im Bett und spulte eine mögliche Situation nach der anderen ab, wie seine Verabredung mit Wolke sich entwickeln könnte. Irgendwann, kurz bevor sein Wecker klingelte, schlief er dann endlich ein und träumte von einem unbeschreiblichen Abend, der ein voller Erfolg zu werden versprach. Nur konnte er sich am nächsten Tag an rein gar nichts mehr davon erinnern.

Kapitel 12

»Weißt du eigentlich wie früh es ist?«, fragte Sandro ziemlich gereizt, als er morgens um halb sechs das Telefon abnahm. »Es ist doch noch mitten in der Nacht!«

»Ja, ich weiß. Aber ich muss dringend mit dir reden«, antwortete Rolihlahla, dem die Sache jetzt auch ein wenig unangenehm wurde.

Da er wegen der Sache mit Wolke so aufgeregt war, hatte er ohnehin die ganze Nacht nicht geschlafen. Dabei vergaß er, dass sein Freund in einem Comicladen arbeitete und erst viel später aufstehen musste. Für Sandro war das der absolute Traumjob. In seiner Wohnung gab es fast keinen Flecken, der nicht mit Comics zugestellt war. Was Rolihlahla allerdings nicht wusste, war dass Sandro seine Kenntnisse und Erfahrungen bezüglich des weiblichen Geschlechts allein einer italienischen independent Comic-Reihe zu verdanken hatte. Dieses Comic handelte von den Abenteuern eines italienischen Aufreißers, der in der Gegend um Neapel sein Unwesen trieb. Zufälligerweise war auch der Held des besagten Comics immer in Nadelstreifenanzügen und schwarzer Sonnenbrille unterwegs. Trotz intensiven

Studiums aller Ausgaben konnte Sandro die Künste seines Helden noch nicht wirklich in die Tat umsetzen. Irgendetwas ging immer schief oder jemand anders vermasselte ihm die Tour. Doch er ließ sich nicht davon abbringen und startete jeden Versuch einer Frau näher zu kommen auf die gleiche Weise. Der Erfolg blieb zwar aus, aber in der Theorie war er seinen Freunden weitaus überlegen und so suchten sie, vielleicht auch mangels Alternative, immer wieder seinen Rat.

»Ich habe doch da diese Frau kennengelernt«, fing Rolihlahla an seine Störung zu erklären. Bei diesem Thema war Sandro die Sache klar und er wusste, seine Fähigkeiten als Womanizer waren wieder einmal gefragt.

Doch als er zum wiederholten Male auf seinen Radiowecker schaute und dieser immer noch fünf Uhr einunddreißig anzeigte, beschloss er für die Zukunft Sprechzeiten festzulegen. Ein Notfall sah sicherlich anders aus.

»Was für eine Frau denn?«, wunderte sich Sandro. Denn bis jetzt hatte er noch nichts davon mitbekommen. Stand sein Freund in ernst zunehmendem Kontakt mit einem weiblichen Wesen? Dies hätte ihn überrascht. Normalerweise schaffte es Rolihlahla immer bei der ersten Kontaktaufnahme, seine Gesprächspartnerinnen in die Flucht zu schlagen.

»Stimmt, das kannst du noch gar nicht wissen. Ich hab ja gestern das erste Mal mit ihr geredet«, antwortete Rolihlahla.

Er erzählte dem immer noch ziemlich verschlafenen Sandro die ganze Geschichte vom Supermarkt und war dabei erneut überrascht, wie souverän er diese Sache gemeistert hatte. Er musste richtig gut gewesen sein. Warum sonst hätte Wolke ihm ihre Nummer gegeben und sich mit ihm treffen wollen?

»Wow, das könnte ja fast was werden«, sagte Sandro beeindruckt. »Aber für den nächsten Schritt brauchst du jetzt einen erfahrenen Frauenversteher wie mich. Das ist mir schon klar. Wir sollten uns auf jeden Fall treffen und einen Plan ausarbeiten. Du kannst schließlich nicht unvorbereitet zu deiner Verabredung gehen.«

»Ich hab doch noch gar keine. Ich muss sie erst einmal anrufen und etwas mit ihr ausmachen.«

»Ist mir auch klar«, bestätigte Sandro und setzte in seinem Bett einen Blick auf, der uneingeschränkte Allwissenheit ausstrahlen sollte. In solchen Situationen wünschte er sich manchmal, dass ihn jemand sehen würde. Sein beeindruckendes Mienenspiel machte ihn unwiderstehlich, davon war er schwer überzeugt. Doch leider gelang ihm dies immer nur, wenn er alleine war. Daran musste er noch arbeiten und legte gedanklich ein neues Projekt im Aufgabenordner seines Gehirns ab.

»Aber wir müssen schon vorher eine Strategie entwickeln. Du kannst ja nicht anrufen und keine Ahnung haben, was du mit ihr machen willst. Du musst vorbereitet sein. Du musst dir für alle Eventualitäten eine Antwort überlegen. Ich würde vorschlagen wir setzen vier Termine an und dann rufst du sie an. Oder vielleicht besser fünf.«

»Sie will mich aber schon diese Woche treffen. Ich fürchte wir müssen uns mit einem Treffen begnügen und dann eben die Nacht durcharbeiten«, sagte Rolihlahla und drängte damit auf eine schnelle Lösung des Problems.

»Also gut. Dann ist mein ganzes Können gefragt. Unmögliche Aufgabenstellungen in kürzester Zeit zu bewältigen ist eine meiner Stärken. Ich bereite mich darauf vor und wir treffen uns am besten heute Abend. Ich bin um sechs Uhr bei dir«, beschloss Sandro und legte auf, bevor sein Freund sich verabschieden konnte. Schließlich galt es keine Zeit zu verlieren.

Sandro sprang aus dem Bett und der dünne Läufer auf dem Boden rutschte auf die Seite und ließ Sandro heftig auf dem Boden aufschlagen. Als ob nichts gewesen wäre, rollte er sich auf die Seite, schwang sich auf beide Arme und begann den Morgen mit vier Liegestützen. Bei der fünften verließ in die Kraft und er ließ sich gerade noch rechtzeitig auf die Seite fallen, als seine zitternden Arme nachgaben. In einer fließenden Bewegung drehte er sich auf den Rücken, machte noch zwei Bauchbeugen und stand auf. Er streckte seine Arme in die Höhe, atmete tief ein, zog die Fäuste an seinen Körper und setzte zu einem Karateschlag an, den sonst nur der japanische Held seines Lieblingsmangas ausführen konnte. Leider war die Wand im Weg und Sandro konnte gar nicht so schnell schauen, wie seine Hand zu einem Ballon anschwoll und sich einen Großteil der Regenbogenfarben auf seiner zum Zerreißen gespannten Haut abzeichneten.

Beim Arzt wurde festgestellt, dass er den Mittelhandknochen gebrochen hatte und für mindestens drei Wochen einen Gips tragen musste.

Ein Gutes hatte die Sache allerdings. Er konnte nun seinen Freund bedingungslos bei der Eroberung seiner Traumfrau unterstützen. Zu Hause angekommen, durchkämmte er seine Comicsammlung nach dem Thema Erstverabredung.

Rolihlahla betrachtete noch eine ganze Weile den Hörer in seiner Hand und versuchte sich tapfer einzureden, dass Sandro auch wirklich sein Handwerk verstand. Zur Sicherheit wollte er noch Alex anrufen, um eine zweite Meinung zu hören. Glücklicherweise hatte auch er Zeit und zu dritt würden sie heute Abend ganz sicher einen vernünftigen Plan schmieden.

Während des Frühstücks bekam er deutlich zu spüren, dass ihm eine Menge Schlaf fehlte. Hunger hatte er sowieso keinen und der Kaffee konnte gar nicht so stark sein, um davon fit zu werden.

»Sei froh, du musst dich nicht mehr mit solchen Sachen herumschlagen«, sagte er zu Puck, der ihm aber wie immer keine Antwort gab.

»Heute werden die Schurkenstaaten leichtes Spiel haben. Ich komme wahrscheinlich nicht mal in meinen eigenen Rechner, so kaputt wie ich bin«, jammerte Rolihlahla vor sich hin und bedauerte sich selbst.

Als er seinen toten Mitbewohner betrachtete, wurde ihm klar: Puck musste weg. Zumindest wenn Wolke irgendwann einmal zu Besuch kommen würde.

»Dann werde ich eben heute, wenn ich so müde bin, meine zwei Mitarbeiter tatkräftig unterstützen. Körperliche Arbeit tut mir bestimmt gut und sollte mir auch helfen wach zu bleiben.«

Begeistert von seiner Idee machte er sich fertig und konnte es gar nicht erwarten die erfreuten Gesichter von Hans und Franz zu sehen, wenn sie von seiner Idee erfahren würden. Jeder seiner Mitarbeiter würde es als Ehre empfinden einen Tag mit dem Chef zusammenzuarbeiten. Davon war er in seinem tiefsten Inneren überzeugt.

Kapitel 13

Hans und Franz ahnten schon, dass dieser Tag nicht wie jeder andere werden würde, als sie ihren Chef freudestrahlend auf sie zu kommen sahen. Normalerweise wurden sie zwar jeden Morgen überaus freundlich begrüßt, aber heute war irgendetwas anderes im Gesichtsausdruck von Rolihlahla Schneider-Hundeloh zu erkennen. Und das verhieß nichts Gutes. Unfähig weiterzuarbeiten standen die beiden da und warteten gebannt, was jetzt wohl kommen würde. Immer wenn er etwas Sonderbares im Blick hatte, konnten sie sich auf einen außergewöhnlichen Tag gefasst machen.

»Guten Morgen, Kollegen«, begrüßte Rolihlahla seine Mitarbeiter. Und bei diesem Satz läuteten bei diesen alle Alarmglocken. Wenn sie als Kollegen bezeichnet wurden, stand ihnen meistens etwas ganz Besonderes bevor.

»Guten Morgen, Chef«, antworteten Hans und Franz im Chor.

»Ich hab eine Überraschung für euch!«

»Oh je«, dachte sich Franz und konnte nur mit Mühe unterdrücken diese zwei Silben auszusprechen. Überraschungen vom Chef waren gar nicht gut.

»Ich habe beschlossen euch heute einen ganzen Tag bei eurer Arbeit tatkräftig zu unterstützen«, frohlockte Rolihlahla schon beinahe, als er endlich seine Idee verkündet hatte. Er war sich sicher Hans und Franz würden ganz aus dem Häuschen sein.

Aus reiner Höflichkeit wollte Hans wenigstens eine knappe Antwort geben, was ihm aber gerade nicht möglich war. Wenn sein Chef selbst Hand an etwas anlegte, endete das meistens in einer Katastrophe. Vor Kurzem hatte er nur durch Handauflegen die Arbeit eines halben Tages zunichtegemacht.

»Was liegt denn heute an?«, fragte Rolihlahla in der Überzeugung, seinen Mitarbeitern habe es vor lauter Freude die Sprache verschlagen und er habe deshalb noch keine vernünftige Antwort erhalten.

»Sportplatzmähen!«, antwortete Hans mit Mühe und versuchte sich gar nicht erst vorzustellen, was da alles passieren konnte. Das war eine von den Tätigkeiten, die vom Ministerium als zusätzliche Arbeiten für ihre Außenstelle angenommen wurde um genügend Tätigkeiten zur Rechtfertigung dieses besonderen Standortes zu haben.

»Dann lasst uns keine Zeit verlieren. Los geht's«, sagte Rolihlahla voller Tatendrang und stieg in den

Bus, an dem schon der Hänger mit den zwei Aufsitzmähern angehängt war. Sofort beschloss er Franz ein paar Tätigkeiten rund um das Sportheim zuzuweisen, sodass er sich mit dem zweiten Aufsitzmäher um dessen Außenanlage und den Parkplatz kümmern konnte.

»Meinst du das geht gut?«, fragte Franz seinen Kollegen, als sie mit besorgter Miene ihrem Chef hinterher schauten, wie er langsam auf seinem Arbeitsgerät davon fuhr.

»Nee, ganz bestimmt nicht. Aber wir können es ihm ja nicht verbieten«, antwortete Hans und setzte seinen Mäher in Bewegung.

Fröhlich pfeifend verrichtete Rolihlahla sein Werk und war zufrieden sich für die Arbeit im Freien entschieden zu haben. Auch seine Mitarbeiter genossen sichtlich den Arbeitstag mit ihm und er konnte Franz von Weitem winken sehen. Er winkte zurück und fuhr weiter am Rande des Parkplatzes entlang, wo scheinbar schon lange nicht mehr gemäht wurde. Das Gras war viel zu hoch. Aber das wollte er an diesem wunderbaren Tag seinen Mitarbeitern nicht ankreiden.

Er schaute zurück in Richtung Sportheim und konnte Franz noch immer winken sehen. Seine Handbewegungen wurden immer heftiger und scheinbar rief er ihm auch irgendetwas zu. Das konnte er wegen des Lärms, der ihn umgab jedoch nicht hören. Dass seine Anwesenheit eine so große Freude auslösen würde, hätte er nicht vermutet. Sofort nahm er sich vor, so etwas öfters zu machen. Er winkte zurück und plötzlich hakte das Messer unter seinem Mähfahrzeug irgendwo ein und es fuhr selbstständig im Kreis herum.

Auf der anderen Seite des Sportplatzes vergrub Franz das Gesicht hinter seinen Händen und machte sich auf den Weg zu seinem Chef. An dieser Stelle waren Holzpfosten in den Boden eingelassen, damit keiner über den Parkplatz in die Wiese fahren konnte. Das Gras war hier allerdings viel zu hoch und so konnte Rolihlahla nicht erkennen, was für eine Gefahr auf ihn lauerte.

Würde die Reparatur nicht wieder an Hans und Franz hängen bleiben, hätte die Situation auch für die beiden ein amüsantes Bild abgegeben, wie ihr Chef sich fortwährend im Kreis drehte und der Mäher darunter immer bedenklichere Geräusche von sich gab. Rolihlahla konnte noch nicht genau erkennen an was es lag. Es war ihm unmöglich, einfach wieder geradeaus zu fahren. Da sich der Mäher in minimalem Radius um die eigene Achse drehte, erschienen die sechs Stundenkilometer, die für Fahrzeuge dieser Art erlaubt waren, unheimlich schnell. Es dauerte nicht lange und die rotierende Bewegung beeinflusste

Rolihlahla. Er hatte sichtlich Mühe, sich am Lenkrad festzuhalten. Zu seiner Verwunderung verlangsamte sich sein Fortbewegungsmittel auch nicht, als er es endlich schaffte, den Fuß vom Gas zu nehmen. Dieses Schauspiel dauerte so lange an, bis ganz allmählich ein stechender Geruch die Luft erfüllte und die Geräusche immer besorgniserregender wurden.

Langsam aber sicher kam der Aufsitzmäher zum Stehen und dicke Rauchwolken kamen darunter hervor. Hustend stieg Rolihlahla ab und versuchte den Schaden und die Ursache zu bewerten. Als er mit beiden Beinen auf der Erde stand, konnte er nichts gegen die Seitwärtsbewegung seines Körpers tun und musste sich mit einem Sturz in die Grünfläche abfinden. Um keine Schwäche zu zeigen, rappelte er sich blitzschnell wieder auf. Mit kritischem Blick musterte er die Reihe der Holzpfosten, die bei genauerem Hinschauen, zwischen dem viel zu hohen Gras zu erkennen waren. Nach kurzer Analyse der Situation und Einschätzung des Gefahrenpotenzials traf er als leitender Angestellter umgehend eine Entscheidung zum Schutze seiner Mitarbeiter.

»Die Pfosten müssen raus!«, sagte er immer noch mit Blick auf den qualmenden Rasenmäher. Daher fiel ihm auch das Kopfschütteln und Achselzucken seiner Mitarbeiter nicht auf.

»Aber Chef, das ist doch nicht nötig«, versuchte Hans seinen Vorgesetzten zu beruhigen. Ihm wurde klar, dass auch diese dämliche Arbeit wieder an ihn übertragen wurde.

»Oh doch. Zum Glück hab ich dieses Problem erkannt. Ich will gar nicht daran denken, was passieren kann, wenn jemand auf so einen Pfosten stößt und nicht mein Reaktionsvermögen besitzt, um ein Mähfahrzeug so schnell unter Kontrolle zu bringen«.

»Das passiert auch sonst keinem«, dachten Hans und Franz unabhängig voneinander. Da sie wussten, dass sie ihren Chef von dieser Aktion zum Schutze seiner Mitarbeiter niemals abbringen konnten, verzichteten sie auf einen weiteren Kommentar.

»Jetzt transportieren wir den Mäher wieder zurück und dann lade ich euch auf ein Mittagessen beim Imbiss ein«, sagte Rolihlahla. Schließlich musste er nach diesem Schreck erst einmal wieder für Ruhe sorgen. Und das geht natürlich am besten bei einer Currywurst mit Pommes und einem Bier. Damit sich Hans und Franz auch ganz beruhigen konnten, übernahm er bei der Heimfahrt vorsichtshalber das Steuer. Dies war eine gute Entscheidung stellte er während der Fahrt fest. Seine Beifahrer saßen nämlich immer noch sehr angespannt neben ihm. Da es sie wohl doch schlimmer mitgenommen hatte als angenommen, gestatte er ihnen auf der Heimfahrt zu rauchen. Er selbst rauchte normalerweise nicht, aber um der Gemeinschaft willen zündete er sich auch eine an. Doch nach drei Zügen wurde ihm leicht schwummrig und er schnippte die Zigarette zum Fenster hinaus. Diese wurde aber durch den Fahrtwind wieder in die Fahrerkabine geblasen und landete zwischen dem Sitz und Rolihlahlas Arbeitsjacke. Das Schlimmste daran war, dass Hans genau beobachtet hatte, was passiert war. Er war schon aufgeregt genug, weil sein Chef überhaupt ein Lenkrad in der Hand hielt. Aber als er sah, wie Rolihlahla plötzlich anfing unruhig auf dem Sitz hin und her zu rutschen, befand er sich nahe an einem Herzinfarkt. Der Imbiss kam näher und Hans wechselte seinen angespannten Blick immer wieder zwischen diesem und seinem immer unruhiger werdenden Chef. Er ließ sich zwar nichts anmerken, war aber deutlich in seiner Aufmerksamkeit beeinträchtigt. Als sie zum Stehen kamen, sprang Rolihlahla aus dem Auto. Augenblicklich war die Hitze in seinem Rücken verschwunden. Jedoch sah er mit besorgter Miene zu Hans, der kreidebleich auf dem Beifahrersitz saß.

»Alles in Ordnung?«, fragte er ihn.

»Alles bestens«, antwortete Hans und stieg mit wackeligen Knien, einem flauen Gefühl im Magen und ohne Hunger aus dem Bus.

Hans und Franz waren nicht fähig ihre Gedanken in Worte zu fassen, als sie das Brandloch in der Jacke ihres Chefs sahen. Es war ihnen unerklärlich, wie er den Vorfall einfach so abtun konnte, ohne wenigstens kurz nach dem Grund der plötzlichen Hitze in seinem Rücken zu suchen.

Was die beiden natürlich nicht wussten, war dass Rolihlahla sehr wohl in Gedanken an die ungewöhnliche Wärmeentwicklung dachte, dies aber aus Rücksicht an die bewegten Gemüter seiner Mitarbeiter für sich behielt. Schließlich war das seine Aufgabe als Führungspersönlichkeit, zuerst an das Wohl der Mitarbeiter zu denken und dann erst nach seinen Bedürfnissen zu sehen.

Kapitel 14

Pünktlich um sechs Uhr klingelte es an der Haustür und zu Rolihlahlas Überraschung standen Sandro und Alex gleich gemeinsam vor der Tür. Sein etwas verwunderter Gesichtsausdruck war darauf zurückzuführen, dass die beiden Freunde genügend Bier und Chips für ein ganzes Videowochenende dabei hatten. Ihm war zwar äußerst schleierhaft, warum diese Zutaten nötig waren, um einen Plan für seine Verabredung auszuknobeln, aber er war trotzdem froh Unterstützung in dieser Sache zu haben.

»Grüß dich«, sagte Sandro fröhlich, der die Tüte mit den Chips um seinen Gips gehängt hatte und in der anderen Hand einen der drei Sechszylinder eisgekühlten Bieres trug. Die anderen zwei hatte Alex in der Hand. Erst jetzt fiel Rolihlahla die Verletzung seines Freundes auf.

»Was hast denn du gemacht? «, fragte er.

»Ach, das ist eine lange Geschichte«, antwortete Sandro und versuchte die Erklärung ein wenig hinauszuzögern.

»Wir haben Zeit«, sagte Alex und konnte ein leichtes Grinsen nicht unterdrücken.

»Also gut. Aber die Kurzversion. Schließlich haben wir noch eine Aufgabe vor uns«.

Sandro erzählte die Geschichte beim ersten Bier und Rolihlahla war sich immer weniger sicher, ob es eine gute Idee war, die beiden zurate zu ziehen.

Als Sandro seine Ausführungen beendet hatte, fiel sein Blick auf Puck, der immer noch unverändert neben seinem Kreuz an der Decke hing.

»Was ist denn das?«, fragte er etwas verblüfft und tat so, als ob das eine noch viel größere Merkwürdigkeit, als seine Geschichte mit dem Unfall war.

»Ähm, ach, das ist nichts«, versuchte Rolihlahla sich aus der Sache herauszuwinden, was ihm aber leider nicht gelang. Seine Freunde ließen nicht locker.

»Du wirst mir jetzt nicht erzählen wollen, dass die Fliege mumifiziert ist und noch von deinem Vormieter stammt, der ein Kreuz mit der falschen Jahreszahl angebracht hat?«, stellte Sandro eine Frage, auf die er aber gar keine direkte Antwort erwartete.

»Nee«, quatschte Alex lachend dazwischen. »Die hat sich das Kreuz selbst gebaut und es an die Decke genagelt, bevor sie Selbstmord begangen hat«.

Alex konnte vor seinem Lachanfall gerade noch zu Ende reden. Dieser war so heftig, dass Sandro, der gerade einen Schluck Bier nahm, sich so sehr daran verschluckte und seinen kompletten Mundinhalt quer durch die Küche spuckte.

»Na prima«, murmelte Rolihlahla. »Das fängt ja gut an«. Aber keiner konnte ihn hören, da seine Freunde viel zu beschäftigt waren, die Geschichte mit Puck und dem Kreuz lautstark auszubauen. Er wusste gerade nicht, ob er vielleicht sogar froh darum sein sollte, dass das eigentliche Thema im Moment gar keine Beachtung fand. Oder ob er sich darüber ärgern sollte, dass Sandro keinerlei Anstalten machte, sich um die kleine Pfütze zu kümmern, die sich langsam bildete, als das Bier von der Kühlschranktür auf den Boden tropfte. Die Theorien um Puck wurden immer haarsträubender. Obwohl keine davon der wahren Geschichte auch nur im Entferntesten das Wasser reichen konnte. Trotzdem verzichtete Rolihlahla auch dann noch darauf, die Wahrheit zu erzählen, als die These aufkam, Puck wäre schwer depressiv geworden, als sein Mitbewohner sich nicht mehr ausreichend um ihn gekümmert hatte.

Mittlerweile waren Sandro und Alex bei ihrem dritten Bier und Rolihlahla keinen Schritt weiter. Plötzlich erinnerte sich Sandro wieder an seine Mission und wurde schlagartig ernst. Er zog einen Notizblock aus der Tasche, auf der er sich mühsam mit der linken Hand ein paar Stichworte aufgeschrieben hatte.

Die beiden anderen warteten gespannt darauf, was ihr Freund vorbereitet hatte, aber er sagte überhaupt nichts. Nachdenklich legte er die Stirn in Falten, drehte den Block von links nach rechts und steckte ihn anschließend wieder ein. Sandro konnte leider überhaupt nicht mehr erkennen, was er aufgeschrieben hatte. Was auch kein Wunder war, wenn man plötzlich mit links schreiben musste. Aber das gab er natürlich nicht zu und legte sich in Windeseile eine Alternative zurecht.

»Auch wenn du damit jetzt auf Anhieb vielleicht gar nichts anfangen kannst, mein Freund. Ich hab mir den ganzen Tag den Kopf zermartert und mir die Sache hin und her überlegt. Das Beste wird wohl sein, du rufst sie an, lädst sie zum Essen ein und alles Weitere ergibt sich.«

Rolihlahla schaute von Sandro zu Alex, der einen undefinierbaren Gesichtsausdruck hatte und war sich nicht wirklich klar darüber, wie ihm diese Aussage nun helfen sollte. Er konnte sich keinen Reim darauf machen, was dabei nun der Punkt sein könnte, der Wolke überzeugen sollte, dass er der Richtige für sie war. Entweder erkannte er die Genialität von Sandros Plan noch nicht oder sein Kumpel hatte einfach einen an der Waffel. Viel weiter konnte er seine Gedanken aber gar nicht ausführen, denn er wurde schlagartig von den Begeisterungsstürmen unterbrochen, die nun aus Alex heraussprudelten. Vielleicht hatte er es erkannt.

»Boah, Sandro. Wie genial ist das denn? Das muss dir erst mal einer nachmachen. Die Komplexität dieses Vorhabens auf das Minimale zu reduzieren ist unglaublich. Jeder andere hätte versucht einen wichtigen Plan zu erstellen. Aber du, du hast dich einfach auf das Wesentliche konzentriert. Respekt, mein Lieber!«

Sandro brauchte einen Moment um sich selbst einzureden, dass zumindest Alex seine Genialität erkannt hatte, klopfte sich innerlich selbst auf die Schulter und wandte sich wieder seinem Freund Rolihlahla zu.

»Vielleicht brauchst du noch ein bisschen, um das alles umzusetzen, aber das kommt noch. Keine Sorge. Du musst sein wie du bist, dann klappt das schon.«

»In letzter Zeit war ich immer, wie ich bin. Und ich kann nicht erkennen, was da geklappt haben sollte«, antwortete Rolihlahla ziemlich verunsichert und die Bilder von seinem letzten Versuch in der Disco kamen völlig ungewollt, dafür aber sehr deutlich, zurück in sein Gedächtnis.

Sandro hatte mittlerweile seine Gedanken auf seinen vereinfachten Plan eingestimmt und konnte nun darauf aufbauen.

»Du hast mir viel über Wolke erzählt. Glaub mir, alles andere würde bei ihr nicht funktionieren. Sei wie du bist und du räumst sie ab!«

Sandro hatte sich selbst in der Zwischenzeit so von seinem neuen Plan überzeugt, dass es nun auch bei Rolihlahla zu wirken begann. Die Falten in seiner Stirn legten sich und jetzt nahm auch er endlich einen Schluck Bier. Alex war immer noch voller Bewunderung für seinen genialen Freund und ließ es sich nicht nehmen einen Trinkspruch für ihn zum Besten zu geben.

»Auf Sandro, den größten Frauenversteher weit und breit. Dank ihm wird unser Freund Rolihlahla am Wochenende sein Glück finden.«

Rolihlahla war sich seiner Sache zwar immer noch nicht ganz sicher, aber er versuchte sich Alex in Gedanken anzuschließen und sie machten sich über den Rest des Bieres her und verdrückten die Chips bis auf die letzten Krümel. Es entwickelte sich ein feucht-fröhlicher Abend, an dem nun noch ein Teil der vierteiligen Weinsammlung in Rolihlahlas Küche daran glauben musste.

Beim Einschlafen versuchte Rolihlahla im Nebel seiner Gedanken den eigentlichen Grund für diesen Abend wieder zu finden. Aber er hatte keine Chance den Schleier zu heben, um zu erkennen, warum er und seine Freunde sich bis zur Besinnungslosigkeit besoffen hatten.

Kapitel 15

»Das muss jetzt aufhören!«, sagte Rolihlahla zu sich selbst, als er am nächsten Morgen mit brummendem Schädel den Tag begann, auf den er sich gestern eigentlich so intensiv vorbereiten wollte.

»Einfach anrufen und zum Essen einladen«, war der geniale Plan seines Freundes gewesen. Nach der gähnenden Leere am gestrigen Abend in seinem Gedächtnis war es förmlich ein Wunder, dass er sich daran erinnern konnte. Doch eigentlich hätte er auch selbst drauf kommen können. Letztlich war er aber dankbar für diesen einfachen Plan. Er hatte schon befürchtet, Sandro würde ihm seinen Nadelstreifenanzug ausleihen wollen. Es hätte also bedeutend schlimmer kommen können.

Sein Frühstück bestand heute lediglich aus einem Kaffee, in dem er zum Süßen eine Aspirin Plus C aufgelöst hatte. Er vergrub sein Gesicht in den Händen und beim Gedanken an das bevorstehende Telefonat am Abend wurde ihm schlecht. Die Vorstellung, dass dieses Gefühl auch vom Bier und Wein des Vortags kommen könnte, verdrängte er ganz schnell wieder. Als er seinen getrübten Blick durch die Wohnung schweifen ließ, war er dankbar, für das erste Treffen außerhalb seiner vier Wände. Sollte Wolke wirklich irgendwann zu ihm zu Besuch kommen, musste wohl nicht nur Puck weichen. Vielleicht sollte er wirklich die ganze Wohnung renovieren. Doch dazu konnte er sich dann immer noch Gedanken machen, wenn es so weit wäre. Heute musste er zu allererst versuchen den Tag zu überstehen und am Abend die Verabredung klar zu machen.

Als er von der Küche durch das Wohnzimmer ins Bad lief, sah er plötzlich, dass Sandro und Alex auf seiner Couch lagen. Komischerweise war ihm das beim Weg in die Küche überhaupt nicht aufgefallen. Er zuckte mit den Schultern, ging ins Bad, versuchte sich halbwegs menschlich zu machen und ließ die beiden gerade so liegen, als er zur Arbeit ging. Wenn sie nicht angefangen hätten zu schnarchen, könnte man meinen, sie hätten sich Puck angeschlossen und würden das nächste Bier mit ihm trinken. Kein Geräusch hatte sie auch nur in soweit beunruhigt, dass sie sich wenigstens einmal umdrehten. Mit einem schadenfrohen Grinsen dachte Rolihlahla daran, wie sie später bestimmt deutlich stärkere Kopfschmerzen als er zu ertragen hatten.

Rolihlahlas Hand zitterte ein wenig, als er den Schlüssel ins Schloss seiner Haustüre steckte. Ihm war klar, dass er es jetzt nicht mehr lange hinauszögern konnte, bis er Wolke anrief, um sie zum Essen einzuladen. Zum Glück konnte er sich noch ein wenig darauf vorbereiten und für sich selbst noch mal alles in Ruhe durchgehen. Er trat zur Tür ein und wollte gerade seine Jacke an die Garderobe hängen, als er fürchterlich erschrak. Wie aus dem Nichts tauchte plötzlich ein Telefonhörer vor seiner Nase auf, der von einer Hand gehalten wurde, die zu Sandro gehörte. Er war immer noch da und gerade als Rolihlahla fragen wollte, fing sein Freund an zu reden.

»Schön, dass du da bist. Ich hab schon mal Wolkes Nummer gewählt. Nur für den Fall, dass du kneifen willst. Es tutet schon. Hier, es kann losgehen. Jetzt gibt es kein Zurück mehr. Einfach zum Essen einladen.«

Rolihlahla wusste überhaupt nicht, was er tun sollte. Er war zur Salzsäule erstarrt und schaut mit offenem Mund den Hörer an. Hinter Sandro konnte er nun auch Alex erkennen, der es wohl heute vorgezogen hatte, nicht zur Arbeit zu gehen und ebenfalls bei ihm in der Wohnung geblieben war. Ihm gingen tausend Gedanken auf einmal durch den Kopf. Er war überhaupt nicht vorbereitet und würde jetzt wohl dank seiner tollen Freunde die Frau seines Lebens verärgern, wenn er anfing am Telefon zu stottern.

»Hallo?«, konnte man es ganz leise aus dem Hörer vernehmen und Rolihlahla hatte mit einem Schweißausbruch der Extraklasse zu kämpfen, gefolgt von einem Schwindelgefühl, das er gerade noch rechtzeitig bekämpfen konnte, bevor er zusammenbrach. Plötzlich war er mit der Erkenntnis konfrontiert, dass es jetzt kein Zurück mehr gab. Er nahm den Hörer an sich und bebte am ganzen Körper. Er war weiterhin unfähig zu sprechen, bis er ein zweites »Hallo« hören konnte.

»Ähm, Hallo. H ... H ... Hier ist Rolihlahla«, brachte er mit größter Mühe hervor und war kurz davor sich übergeben zu müssen.

»Ach, das ist aber schön. Ich hab schon auf deinen Anruf gewartet«, sagte Wolke mit einer schon fast unverschämten Heiterkeit, wenn man im Gegenzug Rolihlahlas Zustand betrachtete. Obwohl die Reaktion positiver nicht hätte sein können, krampfte sich sein Magen nun völlig zusammen. Dass seine beiden Freunde mit ihren Ohren ebenfalls am Hörer klebten, trug nicht wirklich zu seiner Beruhigung bei. Da Rolihlahla in Anbetracht dieser Situation die heutige Restlaufzeit seines Körpers auf ein Minimum einschätzte, beschloss er augenblicklich zur Sache zu kommen.

»Willst du am Samstagabend mit mir essen gehen?«, fragte er mit bebender Stimme.

»Ich wüsste nicht, was ich lieber täte«, bekam er als Antwort zu hören und das war zu viel für ihn. Er sackte seitlich weg, wurde aber von Sandro aufgefangen und auf den Sessel gesetzt. Zum Glück kam sein Bewusstsein sofort wieder zurück. Wie durch ein Wunder fing Wolke gleich an weiterzusprechen und Alex konnte durch ein paar bestätigende Laute und das Mitschreiben der Adresse die Ohnmacht von Rolihlahla in soweit überbrücken, dass dieser sich unter Anweisung von Sandro noch halbwegs normal von Wolke verabschieden konnte und ihr der Zwischenfall verborgen blieb.

Als er wieder einigermaßen bei Bewusstsein war, konnte er noch nicht ganz einordnen, ob es nun ein glücklicher Zufall war, dass Sandro und Alex in dieser schwierigen Situation bei ihm waren oder ob es wegen ihnen nur so weit gekommen war.

Doch er musste diesen Gedanken auch gar nicht weiter fortführen. Sandro überzeugte ihn, dass Ersteres der Fall war und sofort wurde über den Ort der Verabredung diskutiert. Wolke wollte sich überraschen lassen. Und das war auch gut so. Denn ein vernünftiger Vorschlag wäre von Rolihlahla in seinem Zustand nicht zu erwarten gewesen.

Als er dann einige Zeit später endlich alleine war, suchte er nach seiner Wärmflasche, die ihn beim Versuch des Füllens auch dieses Mal anspuckte. Erschöpft legte er sich damit auf die Couch, von wo er auch nicht mehr aufstand.

Er konnte sich beim besten Willen nicht vorstellen, wie er einen ganzen Abend mit Wolke überstehen sollte, ohne dabei mehrmals das Bewusstsein zu verlieren. Doch nun gab es kein Zurück mehr.

Kapitel 16

Der wohl aufregendste Tag im Leben von Rolihlahla Schneider-Hundeloh begann für ihn mit einem Cocktail aus Bachblüten Tee, Beruhigungs- und Kreislauftropfen. Es war der Tag, an dem er sich mit Wolke zum Essen verabredet hatte. Schon als er aufwachte, verkrampfte sich sofort sein Magen und sein Herz drohte ihm aus der Brust zu springen. Die Aufregung machte sich in seinem ganzen Körper bemerkbar. Er spürte, wie sich allein beim Gedanken an die Verabredung, kleine Schweißtropfen auf seiner Stirn bildeten und sein Kreislauf sogar im Liegen das Bedürfnis verspürte nachzugeben.

Er schaffte es gerade noch rechtzeitig auf die Toilette, bevor sein Magen beschloss seinen gesamten Inhalt in der gleichen Richtung wieder abzugeben, aus der er ihn aufgenommen hatte.

Und nun saß er hier. Unfähig Nahrung aufzunehmen und weit weg davon zu glauben, dass dieses Getränk, das er vor sich hatte, auch wirklich seine beruhigende Wirkung auf ihn übertragen konnte. Doch wie durch ein Wunder schaffte er es, die Tasse zu leeren und auf geheimnisvolle Weise kehrte Leben in seinen Körper zurück. Nachdem er sich gezwungen hatte ein Brot zu essen, seine Morgentoilette erledigt war und sein Körper genug Energie vorzuweisen hatte, um mehrmals die Wohnung auf und ab zu gehen, erinnerte er sich wage daran einmal gelesen zu haben, sportliche Betätigung würde die Nerven beruhigen und den Kreislauf in Schwung bringen. Eigentlich hätte er wissen müssen, dass als Bewegungslegastheniker die plötzliche Ausreizung der körperlichen Ressourcen nicht zum gewünschten Erfolg führen konnte. Trotzdem kramte er seinen Jogginganzug heraus, schnürte seine Turnschuhe und ging in den angrenzenden Park, wo er schon einige Male sportliche Menschen bei ihrem Hobby beobachtet hatte.

Unglaublich motiviert startete Rolihlahla in die erste Runde und versuchte sich an eine etwas übergewichtige Frau zu heften, die mit ihren Walkingstöcken nicht weit vor ihm war. Sein Plan war einfach. Allein durch die Tatsache, dass er joggte und damit deutlich schneller sein musste, versuchte Rolihlahla langsam zu ihr aufzuschließen und sie dann nach der nächsten Kurve zu überholen. Doch merkwürdigerweise kam er der Frau nicht näher. Das war ihm völlig unverständlich und er überlegte, ob es einfach an seiner noch etwas geschwächten Wahrnehmung lag. Schließlich hatte er kurz zuvor noch mit

Kreislaufproblemen zu kämpfen. Aber wider alle Theorien, die er in diesen vier Minuten, die er nun lief, aufstellte, konnte er anstelle eines Annäherns nur das kontinuierliche Entfernen der Frau feststellen. In der fünften Minute musste er sich schon mit der nächsten Kuriosität auseinandersetzen. Obwohl es doch den Anschein hatte, dass ein paar Runden im Park zu laufen überhaupt kein Problem darstellen könnte - zumindest wenn man die anderen Läufer beobachtete - hatte Rolihlahla schon jetzt mit einem immer stärker werdenden Seitenstechen zu kämpfen. Ein paar Meter weiter kehrten plötzlich die Übelkeit und das Schwindelgefühl zurück.

»Geht's ihnen gut?«, fragte ihn die dicke Frau, die eigentlich gerade noch vor ihm lief und nun schon dabei war ihn zu überrunden, als er mit dem Kopf über dem Mülleimer hing.

»Alles bestens, mir geht's gut«, antwortete Rolihlahla, als er gerade auf die Mischung aus seinem Brot, dem Bachblüten Tee und dem restlichen Inhalt des Behälters unter ihm blickte. Sofort zweifelte er selbst ein wenig an seiner Glaubwürdigkeit.

»Wie sie meinen. Wenn es ihnen gut geht, dann lauf ich weiter. Ich hab noch zehn Runden vor mir.«

Die Frau lief weiter und Rolihlahla glaubte nicht wirklich, was er da eben gehört hatte. Ungläubig richtete er sich auf und schaute ihr hinterher. Es war ihm unerklärlich, wie man diese Masse so zügig vorwärts bewegen konnte, ohne dabei zu kollabieren. Und das, wo er ja schon unglaubliche Probleme hatte, seinen schlanken Körper auf die gleiche Geschwindigkeit zu beschleunigen.

Überzeugt davon, dass es einzig und allein an seinem geschwächten Zustand lag, machte er sich auf den Heimweg und nahm sich vor, den Rest des Tages in Schonhaltung auf der Couch zu verbringen, bis es soweit war, sein Leben zu verändern und Wolke zu erobern.

Kapitel 17

»Gut siehst du aus«, sagte Rolihlahla zu seinem Spiegelbild und zeigte mit seinem Finger auf sich, wie es der gezeichnete Uncle Sam von vielen Plakaten und T-Shirts aus tat. Er hatte sich ein nagelneues weißes Hemd geleistet, das er heute zusammen mit seiner besten Jeans und den obligatorischen Cowboystiefeln trug. Allen modischen Trends zum Trotz schwor Rolihlahla immer noch in seiner Freizeit darauf. Nichts und niemand konnte ihn davon abbringen. Seine Haare waren sauber zu einem Pferdeschwanz gebunden und die Rasur glückte, ohne nennenswerte Schnittwunden zu hinterlassen. Auch wenn er normalerweise seine dauerhaften Fehltritte und Missgeschicke fast nie bewusst wahrnahm, kam es ihm gerade etwas merkwürdig vor. Irgendetwas war anders. Er grübelte noch eine Weile, zuckte dann aber mit den Schultern und machte sich auf den Weg zu seinem Wagen. In Gedanken an den bevorstehenden Abend schlenderte er locker über den Bürgersteig und donnerte ungebremst an einen rot-weiß lackierten Pfosten, der dazu da war den Fußgängerbereich vom Parkplatz abzugrenzen. Auch wenn ihn dies schmerzhaft in das Hier und Jetzt zurückholte, hatte es eine unerklärlich beruhigende Wirkung auf ihn. Alles schien wieder normal. Mit Schmerzen im Unterleib dachte er sich: »Der Abend kann kommen!«

Fünf Minuten zu früh kam er bei Wolke an, die er mit einer Atemübung überbrückte, die seinen Freund Sandro in vielen solcher Situationen zur Ruhe kommen ließ. Zumindest sagte er so etwas in der Art.

An der Haustüre angekommen, zitterte Rolihlahla am ganzen Körper. Er wollte gar nicht dran denken, wie nervös er erst wäre, wenn er nicht die ganze Zeit seine Atemübungen gemacht hätte. Den Klingelknopf traf er erst beim zweiten Versuch, obwohl dieser nicht gerade klein war. Keine zwei Sekunden später ging die Haustür auf und die Szene vor seinen Augen verlangsamte sich wieder einmal zu einer Zeitlupe. Vor ihm stand Wolke. Sie kam ihm vor wie eine Göttin und er hatte Mühe sich daran zu erinnern den Mund wieder zu schließen, nachdem er ein mühsames Hallo hervorgebracht hatte. Ihr Haar war dem eines Engels gleich und ihre Gesichtszüge waren so fein und schön gezeichnet, dass er diesen Anblick als Beweis für die Existenz einer höheren Macht empfand. So eine Erscheinung musste göttlichen Ursprungs sein.

Als ganz langsam die romantische Filmmusik in Rolihlahlas Kopf ausgeblendet wurde, konnte er ganz leise Wolkes Stimme kören.

»Hallo, schön, dass du da bist.«

Krampfhaft versuchter er den Klos, der sich in seinem Hals festgesetzt hatte, hinunterzuschlucken und hoffte, dass Wolke nichts von seiner Nervosität mitbekam. Doch das war wohl utopisch in Anbetracht der kleinen Armee Schweißperlen, die sich von seiner Stirn langsam in die Augen vorkämpften.

Aber irgendwie schien Wolke das gar nicht wahrzunehmen oder sie ignorierte es einfach und sprach ungestört weiter.

»Dann lass uns gehen. Ich bin schon so gespannt, was du dir für uns ausgedacht hast. Ich bin überzeugt, du hast ein wunderschönes Plätzchen für uns reserviert.«

Reserviert! Das war das Stichwort, welches Rolihlahla fast den Atem nahm.

Er hatte in der ganzen Aufregung völlig vergessen, einen Tisch zu reservieren. Er hatte noch nicht einmal überlegt, wo er mit Wolke hingehen wollte. Seine Gedanken drehten sich die ganze Woche nur darum, wie er sich verhalten könnte. Was er mit ihr reden sollte. Rolihlahla hatte sich für alle möglichen Situationen Antworten überlegt, die er aber voraussichtlich im richtigen Moment gar nicht mehr wusste.

Doch er hatte keine Ahnung, wo er mit ihr hingehen sollte.

»Oh je, ich hab noch was vergessen«, sagte Wolke plötzlich.

»Ich muss noch einmal ins Haus. Ich hoffe wir haben noch fünf Minuten.«

»Kein Problem«, antwortete Rolihlahla und war froh um diesen unerwarteten Aufschub. Wolke ging ins Haus und blitzartig hatte er eine Idee. Er holte sein neues Handy aus der Tasche, welches er sich von Sandro aufschwatzen ließ, obwohl er eigentlich felsenfest davon überzeugt war, dass er so ein modernes Teil niemals brauchen würde. Blitzschnell schrieb er Sandro eine SMS.

»Notfall! Bitte mach eine Reservierung in einem Restaurant und sende mir die Daten mit GPS-Angaben aufs Handy.»

Gerade als er fertig war, kam seine Begleitung aus dem Haus und war bereit sich mit ihm in ein Restaurant zu begeben, von dem er noch nicht einmal wusste, wo es war und was es zu essen gab. Er musste sich voll und ganz auf seinen Freund verlassen und betete innerlich, er möge etwas Vernünftiges für ihn aussuchen.

Im Auto befestigte er sein Handy an der dafür vorgesehenen Vorrichtung, die ihm Sandro besorgt hatte. Nervös betrachtete er das Display und wartete jede Sekunde darauf, dass die GPS-Daten aufleuchteten und er das Navigationssystem starten konnte, welches ihn hoffentlich zu einem schönen Restaurant führte. Es breitete sich eine bedrückende Stille im Auto aus, was nicht gerade beruhigend auf Rolihlahla wirkte.

»Pfffffff...«, war sein Kommentar, der ihm als pfeifendes Pusten zwischen seinen angespannten Lippen hervorkam, als er endlich das Display aufleuchten sah. Er bestätigte die Koordinaten und das Navigationsgerät begann seine Arbeit zu tun.

»Ist dir nicht gut?«, fragte Wolke besorgt, die sein Pfeifen in Verbindung mit den Schweißperlen auf seiner Stirn als leicht bedenklich einstufte.

»Doch, alles bestens«, log Rolihlahla der kurz davor war sich vor Aufregung zu übergeben. Die Situation an sich war für ihn schon schlimm genug. Aber die Tatsache, dass er jetzt noch nicht einmal wusste wo er hinfuhr, machte ihm deutlich zu schaffen. Er sah zwar das Symbol einer eingegangenen SMS auf dem Display, die sicherlich von Sandro war, aber die konnte er im Moment nicht lesen. Er hoffte auf ein paar Worte zum Restaurant, die ihm helfen würden nicht völlig verunsichert nach dem Platz zu fragen.

»Mir ist nur ein wenig warm.«

»Dann ist ja gut. Ich hab schon befürchtet, wir müssten den Abend vorzeitig abbrechen, weil es dir nicht gut geht. Ich hab mich nämlich schon so darauf gefreut«, sagte Wolke mit einem Strahlen im Gesicht, welches er aus dem Augenwinkel wahrnehmen konnte. Das freute ihn natürlich sehr. Doch die Tatsache, dass sich eine Frau auf ihn freute, kam für seinen Kreislauf einer Achterbahnfahrt mit Dreifachlooping gleich. Wahrscheinlich wäre es besser gewesen rechts ran zu fahren und den Wagen zu stoppen, aber das konnte er nicht. Er würde es durchstehen. Er war ja schließlich kein Waschlappen. Tagsüber schlich er sich in Terroristencomputer und jetzt würde er plötzlich sein Auto nicht mehr steuern können? Niemals! Die Konzentration stur auf das Navi gerichtet, erreichten die beiden nach nur dreizehn Minuten Fahrzeit ihr Ziel. Rolihlahla parkte den Wagen, stieg aus und traute seinen Augen nicht. Sie standen vor einem Restaurant, dass er bisher nur von Anzeigen in der Stadtzeitung kannte und als absolutes In-Lokal bekannt war. Da wäre er selbst nie drauf gekommen und ihm fiel ein ganzer Steinbruch vom Herzen, weil er seinem Freund doch nicht ganz getraut hatte. Aber er musste sich auf ihn verlassen und wurde nicht enttäuscht. Er kam aus dem Staunen und Bewundern von Sandro fast nicht mehr heraus und vergaß dabei fast, dass Wolke noch im Auto saß und offensichtlich darauf wartete, dass er ihr die Tür aufmachte. Rolihlahla setzte sich in Bewegung. Etwas zu schnell, wie sich zeigte, denn er blieb mit der Hüfte am Heck seines Autos hängen und wurde in die entgegengesetzte Richtung geschleudert. Er fing sich ab, wehrte sich erfolgreich gegen die Fliehkraft, ging zur Tür und öffnete seiner Begleitung.

»Mensch, das sieht ja mal gut aus«, sagte Wolke mit einem zufriedenen Lächeln. »Das hätte ich dir gar nicht zugetraut.«

»Für eine besondere Frau muss man sich eben etwas besonderes Einfallen lassen«, entgegnete Rolihlahla galant und war selbst von diesem Satz überrascht. Er konnte doch etwas von seinen Antworten, die er sich so mühsam eingeprägt hatte, abrufen. Der Abend konnte also kommen. Er war vorbereitet.

Am Eingang wartete eine letzte Hürde auf ihn. Er wusste noch nicht so recht, nach was er den Platzanweiser fragen konnte. Er wusste ja nicht, was er reserviert hatte. Umso mehr verwunderte es ihn, als der Mann am Empfang direkt auf ihn zukam. Eigentlich rechnete Rolihlahla ja damit, dass er an ihm vorbei und auf jemand anderes zuging. Doch dem war nicht so.

»Guten Abend Herr Schneider-Hundeloh. Es freut mich sie begrüßen zu dürfen. Ich hoffe wir haben für sie und ihre charmante Begleitung den richtigen Platz gewählt«, frohlockte der Mann im schwarzen Anzug und Wolke war sichtlich beeindruckt. Viel zu überrascht um etwas zu sagen, streckte Rolihlahla ihm seine Hand entgegen und begnügte sich mit einem Lächeln, was Wolke als Zeichen absoluter Souveränität ansah. Rolihlahla war sich nicht mehr sicher, ob Wolke nicht vielleicht Drogen nahm oder sonst irgendwie in ihrer Wahrnehmung gestört war. Doch das war nun erst einmal völlig egal. Sie saßen an einem sehr romantischen Platz, umgeben von Pflanzen direkt an einem kleinen Teich.

Als sie an den Platz geführt wurden, konnte Rolihlahla endlich einen Blick auf sein Handy werfen und konnte kurz die SMS von Sandro lesen.

»Alles geregelt. Platzanweiser weiß bescheid. Habe ihm ein Bild geschickt. Viel Erfolg. Sandro.«

Jetzt wurde ihm auch klar, warum er erkannt wurde. Dieses Mal hatte Sandro ganze Arbeit geleistet. Jetzt lag es an ihm, den Abend zu einem Erfolg werden zu lassen. Und das würde er auch werden, wenn ihm nicht noch irgendein fataler Patzer passieren sollte.

»Ich muss dir ein Kompliment machen. Ich hätte wirklich nicht gedacht, dass du mich in so ein tolles Restaurant ausführst. Ich bin begeistert.«

»Ach, jetzt übertreib mal nicht«, antwortete Rolihlahla ein wenig verlegen. Die Komplimente überforderten ihn völlig.

»Sei du nicht so bescheiden«, sagte Wolke, lächelte ihn an und legte dabei ganz kurz ihre Hand auf seine und sorgte damit schon wieder für ein paar zusätzliche Umdrehungen in seinem Motor, der den Kreislauf an diesem Tag unangekündigt ständig beschleunigte und wieder verlangsamte. Rolihlahla hoffte inständig, dass sein Bachblüten Tee und die Kreislauftropfen ihn diesen Abend überstehen lassen würden.

»Erzähl mir mal ein bisschen von dir. Was machst du denn so den ganzen Tag. Beruflich meine ich«, wollte Wolke wissen.

Am liebsten hätte er mit seiner wahren Tätigkeit angegeben. Aber das war ja verboten. Zum Kotzen, dachte er sich.

Und so erzählte er ihr eine recht ausgeschmückte Geschichte von seinem offiziellen Job. Hans und Franz hätten mit Sicherheit einige Einwände gehabt, aber die waren zum Glück nicht da.

»Wow, da hast du ja richtig viel Verantwortung, das ist sicher nicht einfach den ganzen Tag den Kopf für andere hinhalten zu müssen, oder?«

»Da gewöhnt man sich dran. Alles eine Sache der Erfahrung«, sagte Rolihlahla zufrieden und lehnte sich zurück. Bis jetzt war er mehr als zufrieden mit sich.

»Jetzt musst du mir aber auch ein wenig über dich erzählen.«

»Was willst du denn wissen?«

»Alles!«, antwortete er und setzte dabei ein Grinsen auf, das Wolke zum Lachen brachte.

»Also gut, dann fang ich mal ganz vorne an. Oder nein, das dauert zu lange. Ich fang einfach mal mit dem Beruflichen an. Im richtigen Leben habe ich einen kleinen Blumenladen in der Stadt, den ich zusammen mit einer Freundin betreibe.«

Wolke erzählte und Rolihlahla lauschte gebannt ihrer Stimme. Sie hätte ihm alles erzählen können. Und wenn es das Telefonbuch von Tokio gewesen wäre, dass sie ihm vorgelesen hätte. Sie redeten und redeten, das Essen war wunderbar und es hätte ewig so weitergehen können. Zu Rolihlahlas Freude, wollte Wolke nach dem Essen noch ein wenig an die Bar gehen.

»Das ist so ein schöner Abend, der soll noch nicht zu Ende sein« sagte sie ihm mit einem vielsagenden Augenzwinkern. Urplötzlich erinnerte er sich an seine

Nervosität, die er gerade so erfolgreich verdrängt hatte.

Sie saßen sich auf Barhockern gegenüber, beide mit einem sehr schön arrangierten Cocktail in der Hand und Wolke blickte Rolihlahla tief in die Augen. Er spürte sofort, dass die Kreislauftropfen mit ihrer Wirkung am Ende waren. Doch er konnte sich gerade noch halten. Allerdings nur bis zu dem Moment, als Wolkes Hand plötzlich, ohne Vorwarnung, sein Bein berührte und nach seiner Hand tastete. Sie nahm dabei keine Sekunde den Blick von ihm und bei Rolihlahla fing sich augenblicklich alles zu drehen an. Inklusive seiner Augen, was Wolke wiederum einen ängstlichen Gesichtsausdruck verlieh. Er versuchte mit aller Gewalt aufrecht sitzen zu bleiben und seinen Schwindel in den Griff zu bekommen. Aber er kämpfte vergebens. Ein paar Sekunden später sackte er weg und tauchte in eine tiefe Dunkelheit ein.

Bevor Rolihlahla wieder zu sich kam, tauchte er aus dem Dunkel in einen furchtbaren Traum ein.

Die Bilder, die Rolihlahla in seinem Traum heimsuchten, wollte er eigentlich überhaupt nicht sehen. Ganz langsam konnte er die Umrisse der Bar erkennen, an der er mit Wolke gesessen hatte und schaute sich komischerweise selbst als Außenstehender zu. Wolke beugte sich zu ihm vor und in diesem Moment sackte er in sich zusammen und fiel vom Barhocker. Er schlug mit dem Kopf auf dem Boden auf, was seine Ohnmacht nur noch verstärkte. Wolke stand mit fragendem Blick über ihm und schüttelte den Kopf.

»Oh je, was für ein Vollpfosten!«, sagte sie wütend und ließ ihn gerade so liegen, wie er vom Stuhl gefallen war. Von seinem Beobachterposten am Rande des Geschehens wollte er ihr noch etwas zurufen. Aber es war einer dieser Träume, in denen man versuchte ein Ziel zu erreichen und trotz aller Anstrengung nicht imstande war, auch nur einen Fuß vor den anderen zu setzen. So sehr er sich auch bemühte, er konnte seinem eigentlichen Ich, das da so leblos auf dem Boden lag, nicht helfen. Stattdessen musste er mit ansehen, wie plötzlich aus dem Nichts Brad Pitt auftauchte und sich, mit einem unverschämt sexy aussehenden Lächeln, Wolke gegenüberstellte.

»Komm mit mir. Lass doch den Loser liegen. Du hast etwas Besseres verdient«, säuselte Brad Pitt in überraschend einwandfreiem Deutsch.

»Da hast du recht«, stimmte ihm Wolke zu und strahlte ihn an, als ob es Rolihlahla nie gegeben hätte. Sie schaute sich nicht einmal mehr nach ihm um. Er lag regungslos auf dem Boden und kein Mensch kümmerte sich um ihn. Zwei Meter weiter nahm Brad Pitt Wolke an die Hand und schlenderte mit ihr zum Ausgang.

Rolihlahla empfand fast körperliche Schmerzen bei diesem Anblick. Und als ob das alles nicht genug wäre, begleitete er die beiden als unsichtbarer Beobachter nach draußen, wo er mit ansehen musste, wie sie sich küssten.

Genau in diesem Moment verblasste sein Traum und wurde wieder durch Dunkelheit abgelöst, aus der er ganz langsam durch heftiges Geschaukel zu sich kam und schemenhafte Lichtflecke erkennen konnte.

Rolihlahla fing plötzlich auf der Trage, die im Krankenwagen in der dafür vorgesehen Vorrichtung arretiert war, an sich zu bewegen. Es waren völlig unkontrollierte Zuckungen, begleitet von undefinierbaren Geräuschen und einem absolut unverständlichen Murmeln.

Sofort nach seinem Sturz vom Barhocker, rief der Kellner einen Krankenwagen. Es dauerte keine fünf Minuten, bis die Sanitäter mit einem Arzt eintrafen. Dieser diagnostizierte einen voraussichtlich unbedenklichen Kreislaufzusammenbruch. Doch als Rolihlahla nicht sofort wieder zu sich kam, entschied der Arzt auch aufgrund der Prellung am Kopf, dass der Patient zur Beobachtung ins Krankenhaus gebracht werden sollte.

Rolihlahla wurde auf seiner Trage immer unruhiger und brabbelte Wörter vor sich hin, für die in keinem Wörterbuch Übersetzungen zu finden waren. Das erste verständliche Wort, das den Weg aus seinem Mund schaffte, war: »... Vollpfosten ...«

»Ich...bin...ich...Voll...Vollpfosten«, stammelte Rolihlahla mit noch geschlossenen Augen.

»Was redest du denn da?«, hörte er eine wunderschöne, engelsgleiche Stimme fragen.

»Mach dir keine Sorgen. So etwas kann doch jedem einmal passieren«, sprach die Stimme weiter.

Er kämpfte gegen das tonnenschwere Gewicht auf seinen Lidern und wollte nichts sehnlicher, als die Augen öffnen. Nachdem er das endlich geschafft hatte, wusste er nicht, ob er schon im Himmel war oder diesen Abend doch irgendwie überlebt hatte. Denn das Erste, was er sah, war so wunderschön und unglaublich, dass er um ein Haar gleich wieder in Ohnmacht gefallen wäre. Er sah Wolke. Sie lächelte ihn an und streichelte ihm ganz sachte über die Stirn.

»Alles wird gut«, sagte sie. »Du musst dich ausruhen. Reden können wir später immer noch.«

Liebevoll sah sie ihn an und legte einen Finger auf ihre Lippen. In diesem Moment war es Rolihlahla völlig egal, ob er nun im Himmel oder noch auf der Erde war. Ganz gleich wo sich dieser Platz befand, genau da wollte er bleiben. Und zwar für immer.

Rolihlahla schloss seine Augen, genoss das schöne Gefühl von Wolkes Hand auf seiner Stirn und wusste: *Heute ist ein guter Tag!*

Kapitel 18

Rolihlahla schlug die Augen auf, und war am Boden zerstört. Sollte Brad Pitt doch Wirklichkeit und die Fahrt mit Wolke ins Krankenhaus nur ein Traum gewesen sein? Sein Schädel brummte, als hätte eine Probe von Riverdance hinter seinen Schläfen stattgefunden. Er hatte keine Ahnung, wie lange er geschlafen hatte. Doch eines war sicher. Der blonde Möchtegernitaliener im Nadelstreifenanzug, der neben seinem Bett saß, hatte nicht die geringste Ähnlichkeit mit Wolke. Vielleicht war das auch schon der Vorhof zur Hölle und der Fährmann wartete geduldig auf die Fahrkarte.

»Wieso sitzt du an meinem Bett?«, fragte Rolihlahla seinen Freund Sandro mit gequältem Gesichtsausdruck, ohne wirklich sicher zu sein, dass er es auch wirklich war. Es viel ihm noch etwas schwer, ein klares Bild von seiner Umgebung wahrzunehmen.

»Schön, dass du wach bist und dich so freust mich zu sehen. Schließlich sitze ich schon die ganze Zeit hier rum und warte, bis du endlich wach bist«, sagte dieser ziemlich enttäuscht.

»Wo ist Wolke?«, fragte Rolihlahla verunsichert. Er dachte immer mehr, dass er sich vielleicht alles nur eingebildet hatte. Wie hatte er auch darauf kommen können, dass so eine Frau wie Wolke, sich für ihn interessieren könnte. Wahrscheinlich stand es schon in allen Zeitungen, dass Brad Pitt auf Deutschlandbesuch war, und im Vorbeigehen einem Vollpfosten mal eben die Freundin weggeschnappt hatte. Bei seinem Glück war vermutlich sogar die Bildzeitung vor Ort gewesen und hatte ihn, auf dem Boden liegend, fotografiert. Natürlich nur mit zusätzlichem Theaterblut, in dem sein Kopf lag.

»Wer ist Wolke?«, antwortete Sandro fragend.

»Na Wolke! Die Frau, mit der ich gestern ausgegangen bin. Du hast mir doch den Tisch reserviert«, haspelte Rolihlahla mit einem Hauch Verzweiflung in der Stimme.

»Oh je. Du musst wohl schlimmer auf den Kopf gefallen sein, als befürchtet. Aber das wird schon wieder.« Sandro tätschelte mitleidig die Schulter von seinem Freund und konnte an dessen Gesichtsausdruck genau erkennen, dass er wohl kurz davor stand, seinen Geisteszustand anzuzweifeln.

Rolihlahla wurde das nach den Enttäuschungen der letzten Jahre bei der Frauenwelt alles zuviel. Er wollte gerade seinem jämmerlichen Leben durch dauerhaftes

Luftanhalten ein Ende setzen, als die Klinke zu seiner Zimmertür gedrückt wurde und Sandro einen heftigen Lachanfall bekam. Die Tür ging auf und Rolihlahla war sich nun endgültig sicher, dass er gerade dabei war, das Zeitliche zu segnen. Neben dem hämischen Lachen seines Freundes, der ihn scheinbar auf seinem letzten Weg begleitete, schwebte nun auch noch eine engelsgleiche Schönheit in den Raum. Ihr Lächeln war so strahlend, dass sie damit den ganzen Raum erhellte. Er beschloss umgehend, sofern sich das wirklich als Endstation des Lebens erwies, hier dauerhaft ein Zimmer zu mieten. Den Idioten an seiner Seite könnte er mit Sicherheit ertragen, wenn dieser Engel nur regelmäßig vorbeifliegen würde. Doch woher kamen diese verdammten Kopfschmerzen auf einmal, wenn er doch tot war. Blieb einem im Jenseits nicht einmal das erspart? Als der Engel ihn ansprach, war er kurz vor einem Herzinfarkt. Warum auch immer, denn bis gerade eben war er davon ausgegangen, es würde sowieso nicht mehr schlagen. Vielleicht war er ja auch nur wahnsinnig geworden und man hatte ihn in die Klapse eingeliefert. Sein Freund Sandro würde sich als Pfleger herausstellen und die Frau, die eine verblüffende Ähnlichkeit mit Wolke hatte, wollte ihm wahrscheinlich irgendwelche Substanzen spritzen, um ihn ruhig zu stellen. Oder er war nur noch ein Versuchsobjekt für die Wissenschaft.

»Du bist ja wach«, sagte der Engel mit einer Stimme, die Rolihlahla eigentlich neben dem Aussehen ebenfalls Wolke zugeordnet hätte. Er lag im Bett und starrte mit offenem Mund dieser Frau entgegen, während Sandro mittlerweile vor Lachen vom Stuhl gefallen war und sich neben dem Bett auf dem Boden krümmte.

Plötzlich legte sich die Verwirrung in seinem Kopf ein wenig. Denn wenn der Typ auf dem Boden doch Sandro war, und daran gab es eigentlich rein kleidungstechnisch keinen Zweifel, musste das auch Wolke sein. Die Möglichkeit mit Sandro gemeinsam ins Jenseits befördert worden zu sein, war nüchtern betrachtet eher unwahrscheinlich. Zumindest rein statistisch gesehen. Und kein Traum würde die Geschmacklosigkeit besitzen, jemanden in solche Klamotten zu stecken. Nicht einmal seinem wahnsinnig gewordenen Ich würde er eine derartige Vorstellung zutrauen. Zu solchen Augenbeleidigungen war definitiv nur sein Freund fähig.

»Wolke?«, fragte Rolihlahla verdutzt.

»Ja, natürlich. Wer sollte ich denn sonst sein?«

»Ja, aber«, stammelte Rolihlahla und mit einem Schlag wurde ihm klar, dass sein sauberer Kumpel die

Situation ausgenutzt und ihn gründlich verarscht hatte. Noch bevor er sich bei Sandro beschweren konnte, setzte sich Wolke an sein Bett und streichelte ihm die Stirn. Wolkes Berührung verschaffte ihm augenblicklich eine Gänsehaut, die sich bis in Körperregionen vorarbeitete, die normalerweise von diesem Phänomen verschont blieben. Wenigstens lag er schon in der Horizontalen und konnte daher der nahenden Kreislaufschwäche entspannt entgegenblicken. Allerdings blieb ihm eine erneute Ohnmacht glücklicherweise erspart und er konnte die Berührungen seiner Wolke uneingeschränkt genießen.

»Ruh dich aus«, hauchte ihm Wolke entgegen. »Du hast eine Gehirnerschütterung. Aber das wird schon wieder.«

Mittlerweile hatte sich Sandro wieder beruhigt und zog sich an Rolihlahlas Bettgestell nach oben. Dabei betätigte er versehentlich den Verstellmechanismus des Bettes und das hintere Drittel klappte blitzschnell nach oben. Was Sandro nicht gesehen hatte, war das Schild, das darauf hingewiesen hatte, diesen Hebel auf keinen Fall zu betätigen, solange ein Patient darin lag. Wolke war mit ihrem Kopf soweit zu Rolihlahla nach vorne gebeugt, dass sie ihm nicht mehr rechtzeitig ausweichen konnte. Rolihlahla prallte mit seinem Kopf gegen den von Wolke. Sie wurde von der Wucht zurückgeschleudert und fiel ohnmächtig in ihren Stuhl zurück. Er saß reglos, an der stufenlos verstellbaren Matratze gelehnt, auf seinem Krankenbett und sein Kopf hing leblos nach vorne. Auch Wolke bewegte sich keinen Millimeter mehr.

»Scheiße«, schrie Sandro, der sich bei dieser Aktion auf unerklärliche Weise mit seinem Arm im Bettgestell verhakt hatte und sich selbst gerade nicht befreien konnte. Mal abgesehen von den Schmerzen, die er dabei hatte, konnte er sich auch nicht ausreichend genug bewegen, um einen Piepser zu drücken. Einen Bettnachbarn gab es auch nicht, den er um Hilfe hätte bitten können. Und so war es dann für die Krankenschwester, die noch einmal nach Rolihlahla schauen wollte, bevor er entlassen werden sollte, ein merkwürdiger Anblick. Zwei Ohnmächtige und ein Anzugträger, der vor dem Bett kniete und die rechte Hand unter diesem hatte.

»Es ist nicht so, wie es aussieht«, stieß Sandro hervor und benutzte damit eine Phrase aus unzähligen Kinofilmen, die er schon immer mal verwenden wollte.

»Nach was sollte es denn aussehen?«, fragte die Krankenschwester, überzeugt davon, einen kompletten Vollidioten vor sich zu haben.

»Ähm, also...«, waren nur zwei von unzähligen, noch folgenden, zusammenhanglosen Wörtern, die Sandro vor sich hinbrabbelte, nachdem er festgestellt hatte, dass ein tieferes Hinterfragen dieser Phrase im Film nicht vorkam. Meistens gab es irgendwelche heftige Reaktionen. Aber niemals schien jemand genauer zu hinterfragen, was derjenige, der sich in einer prekären Situation befand, eigentlich mit seiner Aussage bezwecken wollte.

Hilfe war glücklicherweise schneller vor Ort, als Sandro die Erörterung seines Filmklischees gelang. Die Erklärung des Tathergangs dauerte allerdings etwas länger und der Arzt konnte anfangs nicht glauben, was Sandro da von sich gab. Es glich schon einer technischen Meisterleistung, das Bett einhändig und unabsichtlich zu verstellen.

Sein Arm konnte ambulant versorgt werden und er kam mit ein paar Prellungen davon. Glücklicherweise war es dieses Mal der andere Arm. Jetzt hatte er neben dem Gips an der rechten, auch noch einen Verband an der linken Hand. Rolihlahla verschaffte diese Aktion dagegen das erste Doppelzimmer mit seiner Wolke. Sandro hatte dem Personal erklärt die beiden wären ein Paar und könnten problemlos im selben Zimmer untergebracht werden. Er hoffte, dass ihm das frisch verliebte Pärchen, das als mildernde Umstände anrechnen würde.

Kapitel 19

»Wo bin ich?«, fragte Wolke völlig verwirrt, als sie die Augen aufgeschlagen hatte und sich in einem Raum wiederfand, indem merkwürdigerweise noch ein anderes Bett stand.

»Und wer sind sie?«, fügte sie hinzu, als sie den Mann im Nachbarbett entdeckte.

»Das ist jetzt aber nicht lustig«, antwortete Rolihlahla, der schon etwas länger aus der Ohnmacht erwacht war. Warum Wolke aber plötzlich in dem freien Bett neben ihm lag, konnte er sich auch nicht erklären. War sie etwa genau so bescheuert wie sein Kumpel Sandro? Wollte sie ihn etwa auch verarschen? »Sandro hat mich doch vorhin schon genug an der Nase herumgeführt.«

»Wer ist Sandro?«

»Jetzt hör bitte auf«, flehte Rolihlahla schon beinahe, der sich unter immer schlimmer werdenden Kopfschmerzen wage wieder daran erinnern konnte, was passiert war. Er war definitiv nicht mehr in der Lage noch weitere Gags auf seine Kosten zu ertragen. Doch Wolke machte einen verdammt ernst aussehenden Gesichtsausdruck und schien von der Situation wirklich überrascht zu sein.

»Mit was soll ich aufhören? Und seit wann sind wir perdu?«, hakte Wolke nach und Rolihlahla befürchtete, dass sie ihn wohl doch nicht verarschen wollte.

»Du kannst dich wirklich nicht daran erinnern? Du weißt wirklich nicht mehr, wer ich bin?«, versuchte es Rolihlahla ein weiteres Mal und war aus lauter Verzweiflung schon fast wieder dabei, die Luft anzuhalten. Jetzt hatte er einmal das Glück, eine Wahnsinnsfrau abzuräumen und die verliert dann auch noch ihr Gedächtnis. Langsam kamen die Bilder, die er im Augenwinkel kurz vor seinem Knock-out, noch wahrgenommen hatte, wieder vor sein geistiges Auge zurück. Sandro war schuld. Dieser Vollpfosten.

In diesem Moment betrat ein Arzt das Zimmer und bestätigte nach einer kurzen Untersuchung, Rolihlahlas schlimmste Befürchtungen. Wolke hatte eine Amnesie. Er konnte nicht sagen, wie lange sie anhalten würde. Angeblich wäre es nur temporär und käme bei so heftigen Schlägen gegen den Kopf häufiger vor. Doch Rolihlahla hätte wetten können, dass sich Wolke bei seinem Glück nie wieder an ihn erinnern würde. Der Arzt nahm sie zu einer gründlichen Untersuchung mit und sie verabschiedete sich nicht einmal von ihm, als das Bett aus dem Zimmer geschoben wurde. Er war gerade dabei sich zu fragen, was er um alles in der Welt eigentlich verbrochen habe, als die Tür aufging und er eine bekannte Stimme vorsichtig sagen hörte:

»Hallo?«

»Sandro?«, fragte Rolihlahla sehr energisch.

»Kommt darauf an.«

»Auf was?«

»Ob du sehr sauer bist«, sagte Sandro und hatte es immer noch nicht gewagt, den Raum zu betreten.

»Natürlich nicht«, antwortete Rolihlahla mit einer sehr viel sanfteren Stimme.

»Oh, Prima«, sagte Sandro und spazierte grinsend ins Zimmer.

»HAST DU EIGENTLICH NICHT MEHR ALLE LATTEN AM ZAUN?«, schrie Rolihlahla seinem Freund entgegen und sparte dabei nicht an Speichel, um seiner Wut auch ordentlich Nachdruck zu verleihen. »Jetzt hat es ein einziges Mal geklappt und du vermasselst mir die Tour.«

»Sehe es doch mal positiv«, sagte Sandro und Rolihlahla wusste beim besten Willen nicht, was sein Freund mit dieser Aussage wollte. »So kannst du ihr doch alles erzählen. Du kannst dir die wildesten Geschichten ausdenken, was ihre sexuellen Vorlieben angeht. Du kannst ihr erzählen, dass sie immer mit allem einverstanden war, was du gemacht hast. Die kannst du hinbiegen, wie du willst.«

»Erstens will ich sie nicht hinbiegen. Richtig zusammen waren wir ja auch noch nicht und warum glaubst du eigentlich, dass sie mir jetzt, wo sie sich doch nicht einmal an mich erinnern kann, alles einfach so abnehmen sollte?«

Sandro legte die Stirn in Falten und wollte den Kopf bedeutungsschwer auf zwei Finger aufstützen. Das erwies sich allerdings mit zwei verletzten Händen als äußerst schwierig und so musste er auf diese furchtbar nachdenklich wirkende Geste verzichten. Ihm blieb nichts anderes übrig, als seine Antwort, auf diese für seinen Freund alles entscheidende Frage, ohne eine verstärkende Geste, zu geben.

»Da ist was dran«, stellte Sandro messerscharf fest. Rolihlahla wartete einen kurzen Augenblick ab, aber es kam nichts mehr. Für ihn schien die Sache damit abgeschlossen zu sein.

»Und weiter? War das alles, was dir dazu einfällt?«

»Jetzt dräng mich nicht so. Ich, als Frauenversteher Nummer eins, werde schon eine Lösung finden. Das mit dem Tisch in dem Restaurant hab ich ja auch hinbekommen.«

»Gut, da muss ich dir recht geben. Aber ich sag dir gleich, dass dieser Tisch die Aktion mit dem Gedächtnisverlust nicht komplett ausgleicht. Ich will meine Wolke zurückhaben.«

»Lass mich nur mal machen«, sagte Sandro, als ob er heilende Fähigkeiten hätte, die Rolihlahla aber anzweifelte. Doch irgendwie waren es genau diese Worte, die ihn ein plötzliches Gefühl der Angst spüren ließen. Vielleicht sollte es Sandro lieber lassen und ihm gar nicht mehr helfen.

»Und wie willst du das anstellen? Kopf aufschneiden, Festplatte anklemmen und eine Wiederherstellung auf Lieferzustand ausführen?«

Sandro reagierte nicht mehr und Rolihlahla sah, dass sein Freund schon wieder am Bettgestell hantierte.

»Was machst du denn jetzt schon wieder?«

»Nichts!« Sandro hatte einen ziemlich verzweifelten Gesichtsausdruck. Er sah aus, als ob er Schmerzen hätte, aber biss sich wohl auf die Zähne. Sollte das ein kleiner Ausgleich des Schicksals in welcher Form auch immer sein, wollte Rolihlahla wenigstens das auskosten.

»Gut«, sagte er, lehnte sich zurück und wollte abwarten, wann sein Freund wieder etwas sagen würde. Sandro zog an seiner Hand, an der er immer noch den

Gips wegen seines gebrochenen Mittelhandknochens hatte. Da die andere Hand aber durch seine letzte Aktion ebenfalls ziemlich angeschlagen war, hatte er kaum Kraft. Seine frisch verletzte Hand hatte angefangen zu jucken und Sandro wollte sie zwischen Bettgestell und Matratze reiben. Dabei verfing sich sein Verband in einer herausstehenden Schraube, die wohl niemals durch die Qualitätskontrolle des Bettenherstellers gekommen wäre, wenn dort nicht gerade der Betriebsalkoholiker zum Abdecken einer Kapazitätsspitze eingesetzt worden wäre. Beim Herausziehen spürte Sandro, dass sich dabei die Schraube auch noch in seine Haut bohren würde.

»OK, vielleicht nicht ganz Nichts«, ergänzte Sandro und musste sich wohl oder übel die Schmach eingestehen, genau den Menschen um Hilfe zu bitten, dessen großer Liebe er kurz zuvor die Erinnerung an ihn genommen hatte.

»Echt?«, fragte Rolihlahla und verspürte wenigstens eine kleine Genugtuung, wenn das auch nicht im Geringsten seinen Verlust ersetzen könnte. Trotz allem reagierte er nicht sofort, sondern wartete, bis Sandro ihn endlich um Hilfe bat. Er sollte leiden.

»Meine Hand steckt fest. Kannst du bitte mal den Piepser drücken?«

»Eigentlich sollte ich dich ja hier hängen lassen, bis dir der Arm abfällt. Aber ich bin einfach zu gutmütig.«

Rolihlahla drückte das Knöpfchen und die Schwester wusste schon gar nicht mehr, was sie denn noch sagen sollte. Das Bild, das sich ihr bot, als sie erneut in das Zimmer der Bekloppten kam, wie es mittlerweile schon im Schwesternzimmer genannt wurde, spottete jeder Beschreibung. Sandro hatte sich durch seine Befreiungsversuche mittlerweile so sehr verklemmt, dass er in einer extrem unbequemen Situation verharren musste. Es hätte nicht viel gefehlt und die Unfallabteilung der städtischen Feuerwehr hätte zum Rausschneiden anrücken müssen.

Rolihlahla musste das Bett verlassen, die Matratze musste heruntergenommen werden und das Bettgestell teilweise zerlegt werden. Nachdem Sandro befreit worden war, wurde ihm nahe gelegt, für heute doch besser das Krankenhaus zu verlassen. Er würde Kräfte binden, die an anderer Stelle deutlich sinnvoller eingesetzt werden könnten.

Leider brachte die kurze Erheiterung Rolihlahla auch nicht weiter. Und so lag er in seinem Bett. Wieder alleine. Und Wolke würde sicher in ein anderes Zimmer umziehen wollen. Er hatte nicht die leiseste Ahnung, wie er es schaffen sollte, seine Traumfrau ein zweites Mal zu erobern. Und wenn

Sandro sich wirklich darum kümmern würde, wäre das wohl das Ende, bevor es überhaupt angefangen hatte.

Kapitel 20

Rolihlahla ärgerte sich noch eine ganze Weile vor sich hin, bis er am helllichten Tage in einen ziemlich morbiden Traum fiel.

Er und Wolke schlenderten gemeinsam, Hand in Hand, durch einen wunderschönen Park. Die Vögel zwitscherten, die Sonne schien und ein angenehmes Lüftchen wehte dem frisch verliebten Pärchen um die Nase. Die Vögel, die wie in einem romantischen Zeichentrickfilm über den Köpfen der beiden ihre Runden drehten, bekamen aber plötzlich einen gehässigen Gesichtsausdruck, den nur Rolihlahla zu sehen schien. Wolke freute sich derweilen ungetrübt über die wunderschöne Szenerie und registrierte auch nicht, dass im nächsten Moment die gefiederten Freunde plötzlich kollektiv ihre Notdurft über Rolihlahla verrichtet hatten. Nicht einmal die Ausweichversuche und sein Gemecker schienen ihr aufzufallen. Es war, als würde sie in einer schalldichten Blase neben ihm herfliegen. Am Wegesrand erschienen Hans und Franz und waren eigentlich damit beschäftigt, sich um den Rasen des Parks zu kümmern. Sie konnten den vollgeschissenen Rolihlahla sehr wohl sehen. Ganz im Gegensatz zu Wolke. Sie blendete scheinbar alles aus, was nicht dem Bilderbuchfrühlingstag, den er anfangs auch noch gesehen hatte, entsprach. Hans und Franz zeigten unverhohlen mit dem Finger auf ihn und klopften sich vor Lachen auf die Schenkel. Sie warfen sich auf den Boden und krümmten sich mit lautstarkem Gelächter, ohne auch nur einen Funken Respekt für ihren Chef zu zeigen. Über Rolihlahla sammelten sich mittlerweile auch größere Greifvögel, die einen mächtigen Spaß daran hatten, in das Gruppenkacken mit einzusteigen. Sogar die verdammten Vögel lachten. Und Wolke half ihm nicht. Sie hüpfte immer noch fröhlich neben ihm her, als ob nichts gewesen wäre. Frauen mit Kinderwägen, ältere Menschen mit Gehilfen und selbst die Jogger hielten an, um in das immer noch anhaltende Gelächter von Hans und Franz mit einzustimmen. Irgendwann war er dann so zugeschissen, dass er Wolke losgelassen hatte, um sich an einem Mülleimer im Park, von der gröbsten Sauerei zu befreien. Er stand mit dem Rücken zu ihr, als er diese Worte hörte.

»Wolke?«

»Brad?«

»Ja, ich bin es«, jauchzte Wolke.

»Ja, ich doch auch«, *antwortete Brad Pitt, der auf einmal schon wieder in der Stadt aufgetaucht war und offenbar nichts Besseres zu tun hatte, als ihm Wolke auszuspannen. Hatte dieser Idiot sich denn zur Aufgabe gemacht, Rolihlahlas persönlicher Albtraum zu werden? Gerade als er ihm sagen wollte, dass er verschwinden solle, sah nun auch Wolke, dass er von oben bis unten mit Vogelkacke überzogen war. Anstatt ihm aber auf irgendeine Weise zu helfen oder wenigstens bestürzt zu sein, fing sie auch sofort an zu lachen und nahm Brad an die Hand, um zu verschwinden.*

»Komm, lass uns gehen. Nicht, dass wir noch mit diesem Vollpfosten gesehen werden«, sagte Wolke lachend.

»Wie du meinst, mein Schatz«, antwortete Brad und setzte sich in Bewegung. Und plötzlich sah wieder alles aus wie im Märchen.

»Nein. Nein. Wolke......«

»Nein, nein«, stammelte Rolihlahla im Halbschlaf vor sich hin. Immer wieder wiederholte er das gleiche Wort. So lange, bis ihn eine zarte Hand über die Stirn strich, und ihn wieder aus der Traumwelt zurück in die Realität holte.

»Ist ja schon gut. Du hast nur schlecht geträumt«, sagte Wolkes Stimme, was ihn nun endgültig an seinem Verstand zweifeln ließ. Sie hatte doch eine Amnesie. Oder doch nicht? War er vielleicht noch gar nicht aufgewacht und Brad wartete vor der Tür mit der nächsten Überraschung?

»Wolke?«, fragte er ganz zaghaft mit geschlossenen Augen. Nachdem was alles passiert war und erst recht nach seinem Traum, rechnete er eher mit Wahnvorstellungen, als mit einer schnellen Genesung seiner Liebsten. Er wollte die Augen auf keinen Fall öffnen, aus Angst, es würde ein Monster mit Wolkestimme oder Brad Pitt auch noch neben ihr an seinem Bett sitzen. Womöglich hatte der Arsch vielleicht sogar eine frisch gemästete Taube dabei, die nur darauf wartete, ihren Darm über seinem Gesicht zu entleeren.

»Ja, mein Schatz. Ich kann mich wieder erinnern«, sagte sie und Rolihlahla konnte sein Glück kaum fassen. Die Welt schien sich doch nicht komplett gegen ihn verschworen zu haben. Es gab also doch noch Gerechtigkeit.

»Oh, ich bin so froh. Das ist jetzt aber schnell gegangen. Ich hab schon befürchtet du würdest dich nie mehr an mich erinnern.«

»Der Arzt hat gemeint ich hätte eine kräftige Gehirnerschütterung und da könne es schon mal passieren, dass für ein paar Stunden, das Kurzzeitgedächtnis flöten geht. Aber jetzt ist wieder alles in Ordnung bei mir und ich kann mich auch wieder an den schönen Abend gestern erinnern.«

»Pfff«, antwortete Rolihlahla, gefolgt von einem tiefen Seufzer. Zu mehr war er gerade nicht fähig, denn Wolke beugte sich zu ihm und nahm ihn in die Arme.

»Und weißt du, was das Schönste ist?«, wollte Wolke wissen und gab die Antwort aber gleich selbst hinterher. »Wir müssen beide noch eine Nacht hierbleiben und dürfen uns das Zimmer teilen.«

Mehr als ein honigkuchenpferdartiges Grinsen brachte Rolihlahla aber nicht zuwege. Wie bei seiner ersten Begegnung mit Wolke im Supermarkt hatte sich sein Sprachzentrum vorgenommen, ihn zu boykottieren. Doch dieses Mal war es nicht so schlimm. Schließlich war er ja schon ein ganzes Stück weitergekommen.

Kapitel 21

Hans und Franz befürchteten schon das Schlimmste, als sie ihren Chef nach dessen Genesung unverschämt gut gelaunt über das Betriebsgelände auf sie zu kommen sahen. Gute Laune des Chefs bedeutete meistens nichts Gutes für ihren Arbeitstag. Im schlimmsten Fall würde er helfen wollen. Bisher ging das immer gründlich in die Hose und endete damit, dass die beiden das Chaos ihres Vorgesetzten wieder beseitigen mussten. Doch heute kam es noch dicker. Amor hatte wohl eine ganze Batterie an Liebespfeilen auf ihn abgeschossen. Hans und Franz mussten sich aufs Ausführlichste die Details von Wolkes Eroberung anhören. Rolihlahla war der Überzeugung, dass es dem Arbeitsverhältnis und der Motivation guttun würde, wenn er etwas Persönliches von sich preisgab. Gewisse Einzelheiten hatte sich Rolihlahla zwar aus irgendwelchen Hollywood Filmen geliehen und damit die unschöneren Dinge ersetzt, aber das wussten seine Mitarbeiter ja nicht. Sogar Brad Pitt musste dran glauben. So hatte der Penner wenigstens ein bisschen was wieder gut gemacht. Und als ob das alles noch nicht genug gewesen wäre, hatte er sich fest vorgenommen, seinen Mitarbeitern bei ihrem Tagesgeschäft unter die Arme zu greifen.

»Oh je«, sagte Hans.

»Hä?«, fragte Rolihlahla.

»Was?«, antwortete Hans. »Ach, äh, ...nix«

»Dann mal los. Was steht denn heute an?«

Hans überlegte fieberhaft, was sie tun konnten, um den vorprogrammierten Schaden, den ihr Chef anrichten würde, so minimal wie möglich halten zu können.

»Wir wollten doch heute die Spielgeräte im Kindergarten warten«, platzte Franz heraus und kassierte dafür umgehend einen Seitenhieb seines Kollegen. Der war nämlich gar nicht begeistert, seinen Chef auf die wehrlosen Kinder loszulassen. Doch noch bevor er einen Gegenvorschlag bringen konnte, erklärte Rolihlahla diese Tätigkeit als unglaublich wichtig und sah gleich die Möglichkeit, sich als Chef endlich einmal persönlich um die Kundschaft zu kümmern.

»Ja, da wäre es sowieso nicht verkehrt, wenn ich bei dieser Arbeit ein Auge drauf habe«, antwortete der Chef und Franz bekam sofort den nächsten Seitenhieb. Mittlerweile war auch ihm klar, dass diese

Aktion mit Chef zehnmal anstrengender werden würde, als ohne. Und bestimmt auch gefährlicher.

Hans und Franz ließen freiwillig ihre Zigaretten zu Hause und wollten auch mit Nachdruck dafür sorgen, dass ihr Chef auf keinen Fall das Lenkrad des Fahrzeugs zu fassen bekam. Die letzte Aktion dieser Art hatte sie an den Rand eines Herzinfarktes gebracht. Im Kindergarten angekommen, übernahm Rolihlahla die Begrüßung und pflegte, wie im Auto schon mehrfach angekündigt, erst einmal die Public Relations. Obwohl sich Hans und Franz in Lichtgeschwindigkeit ihrer Arbeit annahmen, schafften sie es nicht einmal ansatzweise, diese zu beenden, bevor ihr Chef anfing zu helfen. Das Schlimme und auch wirklich Gefährliche an dieser Aktion war die Tatsache, dass Rolihlahla tatsächlich zu der Kindergartenleiterin gesagt hatte, es wäre kein Problem, wenn die Kinder während der Arbeiten auf den Spielgeräten herumturnen würden. Schließlich sei er ja dabei und überwache die Arbeiten. Das alles ging eine kurze Zeit gut und bis zu einem bestimmten Punkt konnten Hans und Franz auch dafür sorgen, dass keine größeren Schäden entstanden und keines der Kinder verletzt wurde. Doch irgendwann war ihr Chef nicht mehr zu kontrollieren, wollte aktiv ins Geschehen eingreifen und innerhalb kürzester Zeit trugen vier Kinder zwar keine ernsthaften, aber teilweise immerhin sichtbare Blessuren davon.

Eigentlich hatte Rolihlahla nur die Aufgabe aufzupassen, dass keine Kinder den Kletterturm zur Rutsche hochstiegen, da dieser als nächstes drankommen sollte. Bis ihm einfiel, dass er eigentlich der Chef war und nicht wirklich Lust hatte, den Anweisungen seiner Mitarbeiter zu folgen. Er wusste ja schon, dass die Rutsche ebenfalls reparaturbedürftig war, schnappte sich einen Schraubenschlüssel und demontierte eigenmächtig die Kunststoffrutsche. In dieser Zeit kletterte ein Kind den Turm nach oben und wollte sich genau in dem Moment mit Anlauf auf die Rutsche fallen lassen, als Rolihlahla diese abnahm und wegtragen wollte. Der Sprung des kleinen Jungen ging ins Leere und er hatte Glück, dass der Turm nur ein Türmchen war und sein Aufprall durch die Sandburg eines Kindergartenfreundes, der nach dieser Aktion sein Freund gewesen war, gebremst wurde. Trotzdem stimmten die beiden unmittelbar nach Zerstörung des Bauwerkes, in ein ohrenbetäubendes Gebrüll ein. Geistesgegenwärtig drehte sich Rolihlahla blitzschnell um die eigene Achse. Die Rutsche auf seiner Schulter traf eine Erzieherin, die gerade ein Kind auf dem Arm hatte, so heftig, dass diese stürzte und unter Einsatz ihres Lebens (naja, zumindest fast), einen harten Aufprall in Kauf nahm, um das Kind in die Höhe zu halten. Allerdings erschrak die kleine Marie so sehr, dass sie sofort ihre Blase entleeren musste und deren Inhalt sich blitzschnell durch die Kleidung arbeitete und ihre Retterin traf, bevor diese sie wieder absetzen konnte. Als Rolihlahla die zwei Jungs heulend vor der Sandburg sitzen sah, warf er die Rutsche weg und lief umgehend zu ihnen hin, um sie zu trösten. Hans legte einen Hechtsprung hin, den selbst Boris Becker nicht besser hätte machen können und schaffte es gerade noch, die Rutsche abzufangen, bevor sie ein Kind traf, das gerade dabei war, Gänseblümchen zu pflücken. Franz hingegen konnte nur zusehen, wie sein Chef im Spurt zu den beiden Kindern, einen, zum Glück sehr leichten, Gummiball unbeabsichtigt mit dem Spann erwischte und einen dritten Jungen, der gerade dabei war schadenfroh über die zerstörte Sandburg zu lachen, am Kopf getroffen hatte. Weniger vor Schmerz, sondern eher wegen des Schrecks stimmte auch dieser, in die sich immer weiter über den Rasen des Kindergartens ausbreitende Welle aus Kindergeschrei, lauthals mit ein. Rolihlahla wusste schon gar nicht mehr, wo er hinlaufen sollte. Hans und Franz waren dabei die restlichen Kinder vor ihrem Chef in Sicherheit zu bringen, während diesem die zwei Kinder an der Sandburg hilflos ausgeliefert waren.

Zum Glück war auch hier bald eine Erzieherin zur Stelle.

»Die haben ihren Laden hier aber nicht wirklich im Griff«, kommentierte Rolihlahla das Geschehen, nachdem wieder etwas Ruhe eingekehrt war.

»Hä?«, fragte Hans völlig überrascht von diesem Kommentar seines Chefs. Dabei fiel ihm auf, dass er in letzter Zeit oft nicht fähig war, einen etwas besser formulierten Kommentar zu den Aussagen seinen Chefs beizusteuern. Dieser dagegen fragte sich, ob seine Mitarbeiter immer so schwer von Begriff waren, und musste einmal mehr den Erklärbär spielen.

»Na schaut euch doch mal das Chaos hier an. Was glaubt ihr, was hier losgewesen wäre, wenn ihr ohne mich hierher gekommen wärt. Nicht auszudenken, was alles hätte passieren können, wenn ich nicht so schnell reagiert hätte.« Immer Sicherheit ausstrahlen, sagte sich Rolihlahla, während seine beiden Kollegen schon wieder nicht mehr sagen konnten, als zuvor. Aber dieses Mal wenigstens synchron.

»Hä?«

Das hier wäre eigentlich der Punkt gewesen, an dem Hans aus dem Traum aufwachen sollte. Aber er tat es nicht. Stattdessen wurde ihm einmal mehr bewusst, dass sein Chef ein absoluter Vollpfosten war. Der dagegen zog es vor, erst später in Ruhe mit seinen

Mitarbeitern den Einsatz durchzudiskutieren. Jetzt wollte er zuerst für Ordnung und Ruhe sorgen.

»Ich kümmere mich jetzt um das Personal. Es kann ja nicht so schwer sein, etwas Ruhe hier rein zu bringen.«

»Oh je«, kommentierte Franz und befürchtete schon wieder das Schlimmste. Rolihlahla bewegte sich im Laufschritt auf die Erzieherinnen zu. Geistesgegenwärtig koordinierte die Leiterin, die Evakuierung der Kinder aus dem Garten ins Innere des Gebäudes.

»Ist wieder alles im Griff, oder brauchen sie noch meine Hilfe?«, drohte Rolihlahla mit seinem tatsächlich ernst gemeinten Hilfeangebot.

»Nein danke«, winkte sie ab und ging instinktiv einen Schritt zurück. »Alles wieder im Griff. Aber wir gehen mit den Kindern lieber wieder hinein.«

»Alles klar. Ist vielleicht auch besser so, wenn sie die Bande nicht im Griff haben.«

Kopfschüttelnd drehte sich die Leiterin des Kindergartens um, und beschloss noch während des Hineingehens, einen Antrag zu stellen, die Spielgeräte zukünftig von einer Spezialfirma warten zu lassen.

Hans und Franz dagegen rechneten schon fast damit, dass ihr Chef sich wieder vorgenommen hatte, ihnen nach diesem chaotischen Morgen etwas Gutes zu tun. Als er das letzte Mal so eine Idee gehabt hatte, sind sie haarscharf an einem Verkehrsunfall vorbeigeschrammt. Sie beschlossen, die restlichen Wartungsarbeiten unnötig in die Länge zu ziehen, um ihren Chef vielleicht damit zum Gehen bewegen zu können. Aber der Plan ging gründlich in die Hose. Zuerst ließ er es sich nicht nehmen, ihnen bei fast jedem Handgriff im Wege zu stehen. Dann schaffte er es durch seine Hilfe, ein fast neues Spielgerät in einen Schrotthaufen zu verwandeln. Und zum Abschluss, als er endlich eingesehen hatte, nicht mehr zu helfen, packte ihn der Drang einen Fußball zu treten, den er auf der Rasenfläche ausgemacht hatte. Ein lausbubenhaftes Grinsen breitete sich auf seinem Gesicht aus und er konnte es kaum abwarten, den Ball in die Lüfte zu befördern. Rolihlahla nahm Anlauf. Mit voller Wucht traf er das Leder. Leider völlig unkontrolliert. Der Ball flog in hohem Bogen über den Zaun, landete auf der Straße und ein LKW walzte das Liebelinsspielgerät vieler Kinder mit einem satten „Paff" einfach so platt. Das Platzen des Balls war lautstark zu hören, doch Hans und Franz drehten sich vorsichtshalber gar nicht erst um. Sie wollten überhaupt nicht wissen, was passiert war. Dank dieser Aktion ihres Chefs, die er übrigens nur durch das Einziehen seines Genicks und lautlosem Einsaugen von

Luft, unhörbar für seine Mitarbeiter, kommentierte, durften diese sich für den Rest des Tages über einen äußerst zurückhaltenden Chef freuen.

»Der Mittag war richtig angenehm, oder?«, sagte Franz leise zu Hans.

»Schon, aber wenn das so wie heute Morgen den ganzen Tag weitergegangen wäre, hätten das vielleicht auch nicht alle im Kindergarten überlebt«, antwortete Hans.

»Hast du mitbekommen, was das für ein Knall war?«, fragte Franz.

»Nein. Und ich will es auch gar nicht wissen. Wahrscheinlich führt sogar die Frage nach dem Knall über irgendwelche Umwege, zu einer Geschichte über seine neue Flamme.«

»Meinst du?«

»Auf jeden Fall. Frag bloß nicht nach«, sagte Hans energisch.

Als nach dem Zusammenräumen ihr Chef sich zu ihnen ins Auto setzte, herrschte gespenstische Ruhe. Rolihlahla hatte sich nicht getraut den Zwischenfall mit dem Ball, zu melden. Stattdessen beschloss er einfach zwei neue Bälle zu spenden und sah sich schon, mit den Kindern und den neuen Bällen über den Rasen flitzen.

»Ja, so mach ich das«, sagte Rolihlahla zufrieden, aber eindeutig erkennbar zu sich selbst. Franz wollte schon zum Nachfragen ansetzten, aber Hans war schneller und haute ihm mit der Faust an den Oberschenkel, sodass dieser wieder verstummte, aber fast vor Neugierde zu platzen drohte.

Kapitel 22

Der zweite Versuch einer zwischenfallfreien Verabredung mit Wolke stand kurz bevor. Rolihlahla war hochgradig nervös und hatte wahrscheinlich deshalb den Fehler gemacht, Sandro davon zu erzählen. Mit Alex im Schlepptau stand er, wie schon vor der ersten Verabredung, mit Bier und Chips bewaffnet vor Rolihlahlas Tür. Der hatte ein recht ungutes Gefühl bei der Sache, aber er nahm sich vor, einfach überhaupt keinen von Sandros Ratschlägen zu befolgen. Dann würde es schon klappen, da war er sich ziemlich sicher. Er musste nur den Abend halbwegs überstehen, den Bierkonsum in Grenzen halten und hoffen, dass es Sandro wirklich nicht schaffte, ihm irgendwelche Ratschläge zu geben, die er befolgen wollte. Bisher war das nicht wirklich von Erfolg gekrönt gewesen. Gut, das mit dem Restaurant für die erste Verabredung hatte er ziemlich gut gemacht. Aber trotzdem war höchste Vorsicht geboten.

»Ich hab da einen Plan für dich«, war die Begrüßung, mit der Sandro die Wohnung betreten hatte.

»Oh je«, wollte Rolihlahla eigentlich nur denken, aber auf unerklärliche Weise fanden diese zwei Silben den Weg über seine Lippen.

»Was?«, wollte Sandro wissen.

»Nix!«

»Na gut, dann pass mal auf. Wir haben eine straffe To Do Liste für heute Abend. Wir müssen dein Outfit klar machen, die Taktik der Gesprächsführung ausfeilen und eine geeignete Lokalität für deinen zweiten Anlauf finden. Zum Glück haben wir genug zu trinken.«

»Aber eigentlich haben wir schon einen Treffpunkt ausgemacht«, sagte Rolihlahla und musste feststellen, dass sein Freund diese Äußerung komplett ignorierte und mit seinen Ausführungen fortfuhr. Er faselte irgendetwas von Anzug, Krawatte, Manschettenknöpfen und passender Klaviermusik. Dabei wollte er mit Wolke doch einfach noch einmal in dasselbe schöne Restaurant gehen, in dem sie schon beim ersten Date waren. Etwa drei Bier und gefühlte achthundertsechsundneunzig Ratschläge später, wagte es Rolihlahla doch noch seinen Vorschlag einzubringen.

»OK, Variante B ist eine echte Alternative«, gab Sandro zur Antwort und war überzeugt davon, diese Variante bereits in seinen Vorschlägen berücksichtigt zu haben. Er war überzeugt davon, dass nun gar nichts mehr schiefgehen konnte, nachdem jetzt der Frauenversteher schlechthin die komplette Planung übernommen hatte. Rolihlahla verzichtete auf die Diskussion über die Urheberschaft dieser Idee und fragte Sandro stattdessen, wie es gerade in seinem Liebesleben aussah.

»Ja, genau«, bekräftigte auch Alex diese Frage. »So wie du dich auskennst, müssten dir doch alle Frauen zu Füßen liegen.«

»Ja, ähm, also«, stammelte Sandro hochgradig nervös vor sich hin und entschloss sich spontan für die Flucht nach vorne. »Mir rennen die Frauen wirklich die Bude ein.«

»Echt? Welche?«, fragte Rolihlahla.

»Kann ich dir gar nicht alle aufzählen. Aber ich brauche Zeit, um mich für die Richtige zu entscheiden.«

»Aha«, sagte Alex. »Und einfach so mal, die kleine Nummer zwischendurch?«

»Ach Jungs, lasst uns anstoßen. Ein Playboy genießt und schweigt.« Er hob seine Flasche, seine zwei Freunde ebenfalls und vor lauter Nervosität, ob sein Ablenkungsmanöver auch Früchte tragen würde, stieß er viel zu fest zu. Die Flaschen zersprangen sofort und der Inhalt suchte sich erbarmungslos den Weg auf Rolihlahlas Läufer. Diesen hatte er am Tag zuvor für einen möglichen Besuch von Wolke erst gekauft. In weiß. Weiß war er jetzt nicht mehr. Für Sandro hatte diese Aktion den angenehmen Nebeneffekt, dass er um eine weitere Erklärung seiner Frauengeschichten herumgekommen war. Obwohl er eigentlich unglaublich überzeugt von sich selbst war, ging gerade sein letzter Versuch, eine Frau zu erobern gründlich in die Hose. Zum Glück hatte es keiner seiner Freunde mitbekommen. Er hatte sich in einer Bar extra so an die Theke gesetzt, dass die Frau daneben gar nicht anders konnte, als nach seiner Verletzung zu fragen. Zumindest war das sein Plan. Dummerweise war Sandro gerade damit beschäftigt hochkonzentriert die Liste der Cocktails zu studieren, die hinter der Theke mit bunten Farben auf einen Spiegel geschrieben waren, als er angetippt wurde. Nicht von der Frau, sondern von der Person hinter ihm, die vor dem Gang zur Toilette neben Sandros Eroberungsvorhaben gesessen war. Was Sandro nicht wissen konnte, war, dass dieser Mann, einen ähnlichen Plan wie Sandro hatte, einen Kopf größer als er war und nicht ausgesehen hatte, als ob er sonderlich viel Spaß verstehen würde. Sandro erschrak dabei so sehr, dass er sich hektisch um die eigene Achse drehte. Er stand dem Hünen gegenüber und war so irritiert, dass er gar nicht mitbekommen hatte, wie er in seiner Bewegung die Frau vom Barhocker geschuppst hatte. Glücklicherweise sah der andere Mann dies als Chance, sich zu nähern und Sandro kam mit einem groben auf die Seite Schieben davon. Vorsichtshalber verzichtete er auf eine Bestellung und machte, dass er wegkam.

»Du könntest ruhig mal ein bisschen helfen, die Sauerei hier wegzumachen«, sagte Rolihlahla recht unfreundlich. »Du hast gerade meinen neuen Läufer versaut und hast nichts anderes zu tun, als dumm an die Wand zu schauen.«

»Was? Äh....ja, ich bin doch schon da«, stammelte Sandro und beteiligte sich an der Putzaktion, während ihm die Frage seiner Freunde ernsthaft Kopfzerbrechen bereitete. Wie konnte es eigentlich sein, dass er, mit italienischem Blut, perfekt frisierten Haaren und Top-Klamotten immer die besten Ratschläge parat hatte, aber selbst noch ohne Begleitung dastand? Er dachte sich, entweder trauen sich die Frauen einfach nicht, weil sie denken, sie hätten eh keine Chance, oder sie sind wahrscheinlich alle verheiratet und trauern heimlich darum, dass sie in ihrer Ehe gefangen waren, und er für sie immer unerreichbar sein würde.

»Ja, so wird es sein«, stellte Sandro fest.

»Was wird so sein?«, fragte Alex.

»Verstehst du eh nicht«, antwortete Sandro, während er gerade innerlich erfolgreich sein Selbstbild wiederhergestellt hatte.

»Arsch«, gab Alex zurück und sammelte ziemlich beleidigt die restlichen Scherben ein. »Brauchst nicht meinen, nur weil irgendwann mal ein Italiener vor tausend Jahren seinen Samen in deine Familie gestreut hat, du wärst hier der Held. Ich weiß schon, um was sich´s dreht.«

Sandro verzichtete auf einen weiteren Kommentar, da er in diesem Fall über den Dingen stand und seinen Freund nicht erneut vor den Kopf stoßen wollte. Alex dagegen stand kurz davor, Sandro die Meinung über dessen dämlichen Aufzug zu sagen, ohne aber die geringsten Zweifel für seinen Matrix Mantel zu hegen. Rolihlahla beobachtete die wortlose Szenerie, das Wort Vollpfosten hüpfte vor seinem geistigen Auge auf und ab und er kippte dabei den Inhalt seiner Kehrschaufel direkt neben den Mülleimer.

Kapitel 23

Der große Tag war gekommen und Rolihlahla ging es nur unwesentlich besser, als an dem Tag des ersten Dates mit Wolke. Es war erst drei Tage her, dass er mit Wolke zusammen aus dem Krankenhaus entlassen wurde und etwa acht Stunden, seit er das letzte Mal mit ihr telefoniert hatte. Doch es kam ihm vor wie eine Ewigkeit. Im Gegensatz zur letzten Verabredung wusste er nun auch um die Gefühle von Wolke. Eigentlich sollte ihm das Sicherheit geben, aber nachdem er erfolglos versucht hatte, sich einzureden, dass er nicht mehr erobern, sondern nur noch genießen musste, zog sich sein Magen auch an diesem Tag wieder zusammen. Als ob der Rest seines Körpers nur darauf gewartet hatte, dass irgendein Organ den Anfang machte, setzten nun auch der Kreislauf und die Schweißdrüsen freudig in den Reigen der Gehässigkeiten mit ein. Der Kreislauf ließ ihm ein paar Sternchen vor den Augen aufblitzen und die koordinierende Motorik etwas ins Wanken geraten, während die Schweißdrüsen sofort eine Benetzung der Stirn folgen ließen. Sein Darm wollte nun auch dabei sein und sorgte mit einem unkontrollierten Durchlass des gestrigen Abendessens für den ersten Spurt am Morgen. Rolihlahla konnte gerade noch schnell genug auf die Toilette springen, bevor ein Unglück geschah. Dort versuchte er zu erörtern, was denn genau sein Problem darstellte. Fatalerweise kam er genau in dem Moment, als er seine Hose wieder hochziehen wollte, zu dem Schluss, dass nach der Eroberung nun ja auch noch der Liebesakt früher oder später auf dem Plan stehen würde. Ein solcher Gedanke um diese Uhrzeit hatte einen sofortigen Totalzusammenbruch seines Gleichgewichtssinnes zur Folge. Er hatte nur der Tatsache, dass seine Toilette nicht größer als zwei Quadratmeter war, und er somit nicht frontal mit dem Gesicht am Boden, sondern auf halbem Weg an der Tür aufschlug, zu verdanken, dass er den Morgen ohne ernsthafte Verletzungen überstehen konnte. Als er wieder zu sich gekommen war, lehnte er ziemlich verdreht mit der Backe an der Tür. Durch den Druck, den sein Körper auf seine rechte Gesichtshälfte ausübte, wurde das reflexartige Kopfschütteln schon im Ansatz unterbrochen und setzte sich als stechender Genickschmerz nieder, was von seinem Halswirbel mit einem hörbaren Knacken quittiert wurde. Rolihlahla beschloss zum Frühstück erst einmal eine Flasche Kreislauftropfen zu trinken und sich dann, wie auch bei der ersten Verabredung, wieder mit etwas Bewegung in Schwung zu bringen.

Dieses Mal wollte er der Schmach, von einer übergewichtigen Frau überrundet zu werden, dadurch entgehen, dass er Inliner als geeignetes Sportgerät ausgewählt hatte. Komplett mit sämtlichen Protektoren und Helm geschützt, machte er sich auf den Weg durchs Treppenhaus, um sich auf der Bank vor dem Mehrfamilienhaus, in dem er seine Wohnung hatte, die Inliner anzuziehen. Er war gerade fertig geworden und hatte sich aufgerichtet, als er eine Nachbarin extrem verärgert und pausenlos vor sich hin fluchend, aus dem Haus kommen sah. Bepackt mit Koffern und Taschen quälte sie sich wutentbrannt zu einem Auto, an dem ihr ein Mann beim Einladen der Gepäckstücke half. Er hatte die Nachbarin schon öfter gesehen. Allerdings meistens in einer Situation, in der sie sich überhaupt nicht mit ihrem Lebensgefährten einig gewesen war. Daher hatte sich der Kontakt bisher auf ein beiläufiges Grüßen beschränkt. Rolihlahla grübelte noch, ob sie wohl verreisen oder ausziehen würde, als er plötzlich feststellte, dass er sich ohne sein Wissen bereits in Bewegung gesetzt hatte. Die Rollen waren besser als er dachte und bevor er sich überlegen konnte, warum er ohne es zu wollen losgerollt war, musste er irgendeine Lenkbewegung ausführen, von der er aber überhaupt nicht wusste, wie das gehen sollte. Ihm fiel siedend heiß ein, dass er seine Inliner gerade das erste Mal benutzte und dementsprechend sahen seine Bremsversuche eher wie der Regentanz eines afrikanischen Stammeskönigs aus. Allerdings war der Regentanz relativ kurz und ganz plötzlich schossen seine Beine nach oben und die Hände nach unten. Den Sturz hatte er leider nicht ganz ohne Hautabschürfungen überstanden und Rolihlahla beschloss, nachdem er sich selbst beide Hände verbunden hatte, den Rest des Tages auf der Couch mit mentalem Training zu verbringen.

Als ob dieser es gerochen hätte, stand gleich, nachdem er sich in die Horizontale begeben hatte, der selbst ernannte Mentaltrainer Sandro auf der Matte. Die beiden sahen aus, wie die unfreiwilligen Repräsentanten einer Versehrtenanstalt.

»Mach dir keine Gedanken. Ich bin ja da und werde dich ausgiebig auf den Abend vorbereiten«, sagte Sandro mit überzeugter Stimme.

Genau das war der Satz, der Rolihlahla eher beunruhigte und den er auch gar nicht hören wollte. Zum Glück hatte seine Couch nirgendwo einen Verstellmechanismus, sodass die Wahrscheinlichkeit ernsthafter Verletzungen im Rahmen bleiben sollte. Wobei es mit Sicherheit eh schon dämlich genug aussehen würde, wenn er mit zwei verbundenen Händen zum Date erscheint. Sandro wollte diese Tatsache sofort in einen Extremsportunfall umwandeln, um ordentlich Eindruck zu schinden. Doch selbst er fürchtete nach reiflicher Überlegung die Konsequenz einer eventuell gewünschten Demonstration, bei der sich sein Freund dann definitiv schwerwiegende Frakturen zufügen würde. Schweren Herzens ließ sich Sandro nach langem hin und her darauf ein, Rolihlahla sein Glück auf seine Weise versuchen zu lassen. Er wies zwar mehrfach darauf hin, dass er dann nicht für den Erfolg des Abends garantieren konnte. Doch Rolihlahla wollte das Risiko eingehen.

»Aber beschwer dich hinterher nicht bei mir«, sagte Sandro zum Abschluss noch mit erhobenem Zeigefinger.

»Nein, sicher nicht«, antwortete Rolihlahla und winkte viel lässiger ab, als ihm eigentlich zumute war. Sandro ließ es sich aber nicht nehmen, seinen Freund bei der Kleiderwahl und auch danach beim Anziehen zu unterstützen. Es war ein merkwürdiger Anblick, wie zwei ausgewachsene Männer mit verbundenen Händen versuchten, den einen Don Juan des Abends schick zu machen. Trotz mehrfachen Drängens seitens Sandro wollte Rolihlahla auch heute nicht komplett auf seinen Indianerschmuck verzichten. Beim Verlassen der Wohnung war es dann, als wollte das Schicksal persönlich Bescheid sagen, dass Sandro in manchen Punkten vielleicht doch nicht ganz falsch gelegen hatte. Zumindest deutete er es so, als der lange Ohrhänger mit Indianerfedern sich beim Umwerfen der Jacke in dieser verfing. Rolihlahla hatte dabei soviel Schwung, dass er nun anstelle eines antiquierten Indianerohrschmucks, einen furchtbar schmerzenden Schlitz im Ohrläppchen hatte. Zum Glück konnten sie mit gemeinsamen Kräften die Blutung schnell stoppen und Sandro klebte seinem Freund zur Sicherheit eine tischtennisballgroße Tamponage ans Ohr, was seiner Meinung nach wunderbar zu den Mullbinden an den Händen passte.

»Super, wie sehe ich denn jetzt aus?«, fragte Rolihlahla eigentlich nur sich selbst, war ziemlich niedergeschlagen und wollte wirklich keinen Kommentar dazu hören. Doch Sandro hatte noch eine prima Idee auf Lager.

»Ich hab noch ein paar original Patenhandschuhe. Wie wär's? Sollen wir die noch kurz holen?«

»Ich glaube du hast mich heute genug unterstützt«, antwortete Rolihlahla und hoffte das Coaching seines Freundes ohne weitere Schäden zu überstehen. »Ich mach mich jetzt auf den Weg und hoffe, dass alles gut geht. Wenn sie mich wirklich liebt, wird sie mich auch nehmen, wenn ich aussehe wie eine Mumie.«

»Also da wäre ich mir mal nicht so sicher«, platzte Sandro heraus, ohne es wirklich zu wollen.

»Danke, du bist eben ein wahrer Freund.«

»War ja nicht so gemeint.«

»Warum sagst du es dann?«

»Was weiß ich. Warum fährst du Inliner?«

Rolihlahla wollte zu einer Antwort ansetzen, hatte aber überhaupt keine Ahnung, was sein Freund jetzt damit schon wieder sagen wollte. Da er fest davon überzeugt war, dass Sandro ebenfalls keinen blassen Schimmer hatte, was er wohl damit gemeint haben könnte, blieb er lieber ruhig. Zum Glück wollte Wolke heute ihn abholen, denn mit zwei mumifizierten Händen in einer Polizeikontrolle hätte er mit Sicherheit kein gutes Bild abgegeben.

Nachdem Rolihlahla Wolke die Geschichte mit den Händen und dem Ohrring erzählt hatte, rechnete er schon fast damit, dass sie ihn an der nächsten Laterne mit einem kleinen Zettel anbinden würde. „Liebes Männchen sucht neues Zuhause". Aber ganz im Gegenteil. Sie legte nur beruhigend die Hand auf seinen Schenkel.

»Du bist doch immer wieder für eine Überraschung gut, mein Lieber.«

Rolihlahla hatte plötzlich einmal mehr mit dem Kreislauf, dem Schweiß und den ganzen anderen idiotischen Gegenspielern seines Körpers zu kämpfen. Aber nicht wie sonst aus dem Grund, weil Wolke ihn berührte. Gut, fast nicht aus diesem Grund. Die wahre Ursache aber war, dass Wolke sich, während sie sprach, zu ihm herüber gedreht hatte, das Lenkrad einfach mitdrehte und nicht realisierte, wie sie auf die Gegenfahrbahn kam. Rolihlahla konnte gerade noch schnell genug eingreifen, um den Zusammenstoß mit einem Vierzigtonner zu vermeiden.

»Ups«, sagte Wolke gelassen. »Das passiert mir irgendwie öfter.«

».......«, Rolihlahla wollte etwas antworten, aber aus dem geöffneten Mund schaffte es keine Silbe zur Außenwelt. Nicht einmal ein Stöhnen war zu hören. Zumindest solange, bis er die Luft nicht mehr anhalten konnte und diese mit einem Stoß herauskeuchte. Ihm wurde gleichzeitig bewusst, dass er wohl ein Problem mit dem Luftanhalten hatte. Er hatte keine Ahnung, wie oft er in den letzten Tagen aus verschiedenen Gründen die Luft angehalten hatte. Er sollte sich besser einen Therapeuten zulegen. Denn wenn er jetzt einen hätte, könnte er mit ihm dieses

Problem erörtern. Puck war bei diesem Thema eher der falsche Ansprechpartner.

»Alles klar mein Schatz?«, fragte Wolke.

»Wer? Schatz?«, fragte Rolihlahla und drehte sich um, ob nicht vielleicht das ganze Team von „Versteckter Kamera" heimlich auf dem Rücksitz saß und sich kugelte vor Lachen.

»Du bist so witzig«, sagte Wolke und legte ihm schon wieder die Hand auf den Schenkel, was zur Folge hatte, dass Rolihlahla seine Hand sofort wieder Richtung Lenkrad streckte.

»Alles im Griff«, sagte sie und Rolihlahla versuchte, sich endlich wieder zu entspannen. Was sollte denn jetzt noch passieren? Außer vielleicht einem tödlichen Verkehrsunfall. Aber sonst war doch alles klar. Langsam glaubte er, dass er Wolke wirklich erobert hatte. Sein Kreislauf konnte ihm eigentlich auch scheißegal sein, denn wenn er wieder umkippen würde, dann wäre ja Wolke da, um ihn zu versorgen. Was also sollte noch schiefgehen. Was sollte dem bevorstehenden romantischen Abend jetzt noch im Wege stehen.

»FEUER«, rief Wolke.

Gut Feuer, das wäre vielleicht...«, brummelte Rolihlahla in Gedanken versunken vor sich hin, als er schon wieder das Wort hörte. Und wieder von Wolke.

»FEUER«, rief sie noch einmal und nun konnte auch Rolihlahla sehen, dass ihr Restaurant in Flammen stand.

Nachdem sie dann erfahren hatten, dass es einen Zwischenfall beim Flambieren gegeben hatte, aber niemand zu Schaden gekommen war, setzten sie sich kurzerhand in die nächste Schlemmeroase namens McDonalds, speisten fürstlich und hatten einen riesigen Spaß dabei, heimlich die Gurkenscheiben an die Fenster zu werfen, um zu beobachten, welche denn die schnellste war. Rolihlahla hatte keine Ahnung, wie lange sie in ihrem Ersatzrestaurant gesessen hatten. Alle Plätze um sie herum wechselten mindestens dreimal den Besitzer und das Personal fing auch schon an zu tuscheln, als die beiden Turteltauben das vierte Mal ihre Getränkebecher an der Umsonsttheke füllten. Irgendwann stand der Mitarbeiter des Monats, der sie schon während ihrer Bestellung aus einem Bilderrahmen heraus so nett angelächelt hatte, neben ihnen. Nachdem sie nun die letzten Gäste waren, das Personal schon fast komplett zu Hause war und die Putzkolonne den Laden auf Hochglanz gewienert hatte, legte der nette junge Mann ihnen nahe, nun doch auch den Heimweg anzutreten. Rolihlahla überstand dann sogar den innigen

Abschiedskuss, den Wolke ihm noch an der Haustüre schenkte ohne Organversagen und war sich dieses Mal wirklich sicher:

»Heute ist ein guter Tag!«

Die folgenden Wochen verbrachte Rolihlahla damit, sein Umfeld mit allen Details seiner neuen Beziehung zu beglücken. Seine Mitarbeiter Hans und Franz waren mittlerweile für jeden Außeneinsatz dankbar, an dem ihr Chef nicht mit furchtbar guter Laune teilnehmen wollte. Selbst Sandro und Alex waren an der Grenze ihrer Aufnahmefähigkeit angelangt, was Wolkegeschichten anging. Puck hatte er von der Decke abgenommen, damit ihn Wolke nicht sehen konnte. Dafür hatte er einen tollen Fensterplatz in einem kleinen Schälchen hinter einem Blumentopf bekommen. Und wenn Rolihlahla gar nicht mehr wusste, wo er denn gerade mit seiner Begeisterung für Wolke hin sollte, dann zog er Puck in seiner Schale hervor und erzählte es ihm. Manchmal kam er sich dabei zwar etwas merkwürdig vor, aber es sah ja niemand. Irgendwann fand er fast niemanden mehr, dem er von seinem Glück erzählen konnte. Alle, die er kannte, wussten mittlerweile davon. Doch wie durch eine Fügung des Schicksals, hatte er ganz unverhofft vor der Eingangstür zu dem Mehrfamilienhaus, in dem er wohnte, einen richtig netten jungen Mann getroffen. Leider hatte er keine Zeit gehabt sich länger mit ihm zu unterhalten, konnte aber beim Tragen der Einkäufe behilflich sein und nahm sich vor auch ihm alles zu erzählen. Zumindest wenn sie sich ein wenig besser kennengelernt hatten. Wenn er richtig verstanden hatte, hieß er Vitali und war gerade erst eingezogen. In die Männer WG bei ihm im Haus.

Die kleinen Geschichten hinter den Geschichten.

Nachdem einige meiner Bücher jahrelang ausschließlich als E-Books in den Online-Shops vertreten waren, freue ich mich sehr, dass diese nun auch (wieder) in gedruckter Form im Buchhandel erhältlich sind. Aus diesem Grund möchte ich euch, liebe Leser, auch ein wenig am Hintergrund der Bücher teilhaben lassen. Natürlich nur, wenn ihr Lust dazu habt. Wenn ihr hier angekommen seid, habt ihr (hoffentlich) das Buch gelesen und mir damit eine große Freude gemacht, weil ihr mir dadurch ein wenig eurer Zeit geschenkt habt. Solltet ihr darüber hinaus auch noch Interesse an ein paar zusätzlichen Informationen zur Entstehung der Story haben, was das eine mit dem anderen Buch zu tun hat oder was für Aktionen damit stattgefunden haben, findet ihr immer am Ende der jeweiligen Geschichte (also genau hier) meine Gedanken dazu.

Viel Spaß damit....und vielen Dank fürs Lesen!

Vollpfosten

Vollpfosten war mein erster Versuch ein Buch für Erwachsene zu schreiben. Wobei ich nicht weiß, ob man so ganz erwachsen sein darf, wenn man diese Geschichte lesen will.

Der Name des Protagonisten, Rolihlahla, fiel mir an einem stillen Örtchen ein und der Wahnsinn nahm seinen Lauf. Wobei einfallen der falsche Ausdruck ist, den Namen gab es ja schon. Vielmehr fand ich die Idee witzig, einer Figur durch seine komplett verstrahlten Eltern diesen Namen geben zu lassen. Diese dachten, ihr Sohn wäre überglücklich, wenn er den echten Namen Nelson Mandelas tragen durfte. Ein glatter Fehlgedanke, wie sich herausstellte, aber immerhin hatte ich meinen Spaß damit.

Das Schöne am Schreiben dieser Geschichte war, dass ich so viele Dinge, die ich selbst erlebt habe oder einfach extrem lustig fand, mit einbauen konnte. So erzählte mir meine Frau Christina irgendwann, dass Heidi Klum ihre Brüste Hans und Franz nennen würde. Wie ich das genau mit dieser Geschichte in Verbindung brachte, kann ich heute gar nicht mehr genau sagen, aber die beiden Kollegen von Rolihlahla haben ihre Namen Hans und Franz den Brüsten von

Heidi Klum zu verdanken. Und ich finde, es könnten definitiv schlechtere Namensgeber sein. Von daher kann ich mir nicht vorstellen, dass die beiden sich beschwert hätten.

Für die Übersetzung in unbedenkliches Deutsch möchte ich an dieser Stelle noch Meike Brost danken. Neben Vollpfosten hat sie auch noch weitere Bücher von mir korrigiert.

Das ursprüngliche Cover sah übrigens komplett anders aus. Völlig ohne Füße, dafür aber mit einem Pfosten. Einige von euch können sich vielleicht noch daran erinnern.

In einer der ersten Rezensionen bekam ich vorgeworfen, ich hätte krampfhaft versucht den Stil von Tommy Jaud zu kopieren und da gab es ja noch das erste Cover. Ich muss zu meiner Ehrenrettung sagen, dass ich Tommy Jaud zu diesem Zeitpunkt überhaupt nicht kannte, was eigentlich eine Schande ist, wenn man selbst versucht ein lustiges Buch zu schreiben. Also kaufte ich mir ein Buch von ihm und musste mir eingestehen, dass er wohl wirklich der Meister dieses Fachs ist. Deshalb sei hier auch gesagt, dass ich ein großer Fan von Tommy Jaud bin und mir niemals anmaßen würde zu behaupten, in derselben Liga zu spielen. Aber zum Glück gab es auch einige, die den Vollpfosten gut fanden. Unter anderem Cordula

Kiefer, die mich wiederum an Karsten Sturm empfahl. Der wollte meine Geschichten als E-Book veröffentlichen, was für mich aber hieß, dass ich aus rechtlichen Gründen meine gedruckten Bücher vom Markt nehmen musste. Ich entschied mich für die E-Books und hatte Glück damit. Wobei ich zu Anfang einen kleinen Schock bekam, als Karsten Sturm das aktuelle Cover mit den Füßen als Vorschlag schickte, ohne zu wissen, dass mir zuvor das Kopieren von Tommy Jaud vorgeworfen wurde. Leicht panisch hakte ich nach, ob das nicht großen Ärger mit sich bringen würde, wenn man so deutlich die Verbindung herstellte. „Quatsch, mach dir keine Sorgen", sagte Karsten. Ich versuchte mir keine Sorgen zu machen und durfte mit Freude beobachten wie mein Vollpfosten bei Thalia und Buch.de langsam aber sicher in die Top Ten aufstieg. Der größte Erfolg kam dann mit der Veröffentlichung auf iTunes. Sicherlich hatte das Cover mit Anlehnung an die Tommy Jaud Bücher auch seinen Teil dazu beigetragen, doch die vielen Bewertungen (insgesamt waren es dann ca. 560), von denen mehr positiv als negativ waren, beruhigten mich und nahmen den Druck. Vollpfosten kletterte auf Platz 1 der iTunes Buchcharts und blieb dort auch einige Zeit. An dieser Stelle möchte ich mich bei allen Lesern und Leserinnen bedanken, die dazu beigetragen haben.

Für das E-Book schrieb ich die Geschichte noch um einen Teil weiter und stellte am Ende die Verbindung zur Männer-WG her. Ich schrieb beide Geschichten ziemlich parallel zueinander und als dann Rolihlahla zufällig auf einen Bewohner der Männer-WG traf, hatte ich eine riesige Freude daran, die Geschichten ineinander zu verflechten. Das war nicht geplant, aber manchmal entwickeln sich Geschichten in einer Eigendynamik und man ist als Autor absolut machtlos. Genau das macht es meiner Meinung nach aus. Dann ist das Schreiben ein bisschen wie Lesen und man ist als Autor manchmal überrascht, wo die Reise hingeht. Daher werdet ihr manche Protagonisten mehrfach in meinen Büchern wiederfinden.

Ich würde mich jedenfalls freuen, euch in weiteren meiner Bücher an dieser Stelle wiederzutreffen.

Bis bald und vielen Dank für euer Interesse! Ich hoffe ich konnte euch angemessen unterhalten.

Euer
Thorsten Peter

Weitere Bücher von Thorsten Peter:

- Die Pubertät ist ein Arschloch
- LAURA ROCKT! – Ein Abenteuer zwischen Musik und erster Liebe
- LAURA ROCKT! – Sommercamp und Bandcontest
- HELTER SKELTER ON WHEELS
- Die Popcornschlange
- LUX – Das Tor nach Luminea

- Jesus 2.0
- Vollpfosten
- Vollpfosten – Undercover in St. Anton
- Vollschlank
- Die Lösung ist eine Männer-WG
- Deppen gibt es überall – Mein Geiselnehmer ist ein Vollidiot